南方五省区高载能行业发展及用电报告

（2019年）

南方电网能源发展研究院有限责任公司　编著

内 容 提 要

《南方五省区高载能行业发展及用电报告（2019年）》是南网能源院能源与电力分析年度报告系列之一。本报告分析了2018年南方五省区高载能行业布局、发展状况、用电特性、行业电力消费情况；对2018年高载能行业发展综合评价；预测了2019～2020年高载能行业市场供需、产能转移及行业电力消费等。

本报告可供我国政府能源主管部门、高载能行业企业、电力企业的有关人员参考使用。

图书在版编目（CIP）数据

南方五省区高载能行业发展及用电报告．2019年/南方电网能源发展研究院有限责任公司编著．—北京：中国电力出版社，2019.12

ISBN 978-7-5198-4096-9

Ⅰ．①南…　Ⅱ．①南…　Ⅲ．①能源消耗—产业发展—研究报告—中国—2019　Ⅳ．①F426.2

中国版本图书馆CIP数据核字（2020）第011362号

出版发行：中国电力出版社
地　　址：北京市东城区北京站西街19号（邮政编码100005）
网　　址：http：//www.cepp.sgcc.com.cn
责任编辑：岳　璐（010-63412339）
责任校对：黄　蓓　马　宁
装帧设计：张俊霞
责任印制：石　雷

印　　刷：北京博海升彩色印刷有限公司
版　　次：2019年12月第一版
印　　次：2019年12月北京第一次印刷
开　　本：787毫米×1092毫米　16开本
印　　张：9
字　　数：125千字
印　　数：0001—1000册
定　　价：75.00元

高载能行业是国民经济的基础产业之一，长期以来是能源电力行业的重点关注对象。 对高载能行业的布局、发展状况、用电特性等进行统计分析，有助于把握宏观经济运行和能源电力需求发展，为政府部门、高载能企业、电力企业提供参考。

《南方五省区高载能行业发展及用电报告（2019 年）》以全国的行业发展形势为基础，立足南方五省区，采用调研收资、定性与定量分析相结合的方法对高载能行业发展前景和用电形势展开分析预测。 报告共包括 7 章内容。 第 1 章对高载能行业的整体发展和用电形势作出总结。 第 2 章～第 6 章分别针对有色金属、黑色金属、非金属、化工、石化的行业发展及用电进行分析研判。 第 7 章提出了高载能产业产能总量控制、产能转移的规划引导、产业转型升级等方面建议。 附录中分别针对再生铝和短流程炼钢的发展影响开展专题分析。

报告在编写过程中，得到了国家信息中心中经网产业研究中心的大力支持，在此表示衷心感谢！ 报告力求做到数据准确、逻辑清晰、语言简练、图文并茂，但难免有疏漏与不足之处，恳请批评指正。

编　者

2019 年 10 月

目 录
CONTENTS

第 1 章

高载能行业发展总体情况

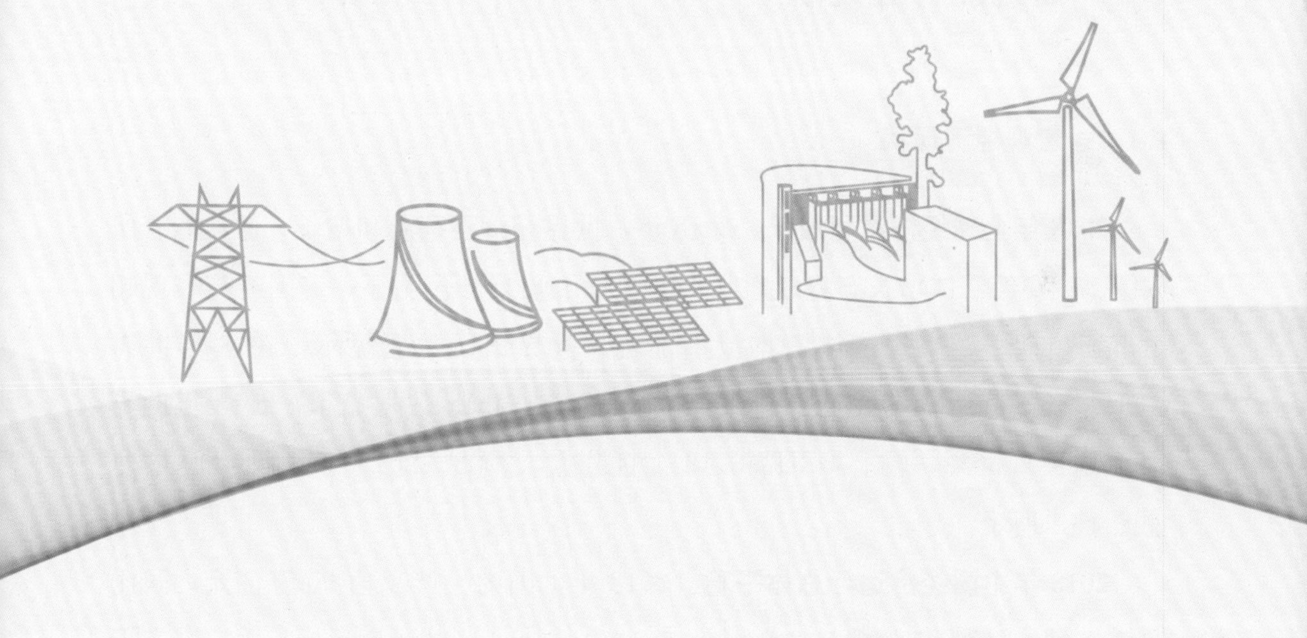

高载能行业是指对资源（电力、水、天然气等自然资源及物耗等）需求量大的产业。在能源电力行业统计分析中，六大高载能行业包括黑色金属冶炼和压延加工业、有色金属冶炼和压延加工业、非金属矿物制品业、化学原料和化学制品制造业、石油、煤炭及其他燃料加工业、电力、热力生产和供应业六大类行业。本报告选取了前五大类行业（下文简称为黑色金属、有色金属、非金属、化工、石化行业）进行分析研究，根据南方五省区产业特点，对其中用电占比大或发展快速的典型行业（电解铝、钢铁、铁合金、水泥、磷化工、石化）的现状、发展形势及用电进行重点分析和研判。

1.1 高载能行业现状

1.1.1 宏观经济现状

2018 年全球经济温和增长。2018 年，世界经济延续温和增长，但动能有所放缓。主要经济体增长态势、通胀水平和货币政策分化明显，美国经济表现超出市场预期，新兴经济体资本流出加剧。世界银行数据显示，2018 年世界 GDP 增长 3.03%，较上年下降 0.13 个百分点；IMF 数据显示，2018 年世界 GDP 增长 3.60%，较上年下降 0.19 个百分点。2008～2018 年世界 GDP 增速如图 1-1 所示。

2018 年中国经济运行总体平稳。2018 年，国内生产总值 90 万亿元，同比增长 6.6%，较上年放缓 0.2 个百分点，略高于 6.5%的预期目标。固定资产投资增速放缓。全国固定资产投资同比增长 5.9%，比上年低 1.3 个百分点。基础设施投资增长 3.8%，比上年下降 15.2 个百分点。社会消费增长趋缓。社会消费品零售总额累计同比增长 9.0%，较上年放缓 1.2 个百分点。全年货物进出口总额同比增长 9.7%，创历史新高。其中，出口 164 177 亿元，增长

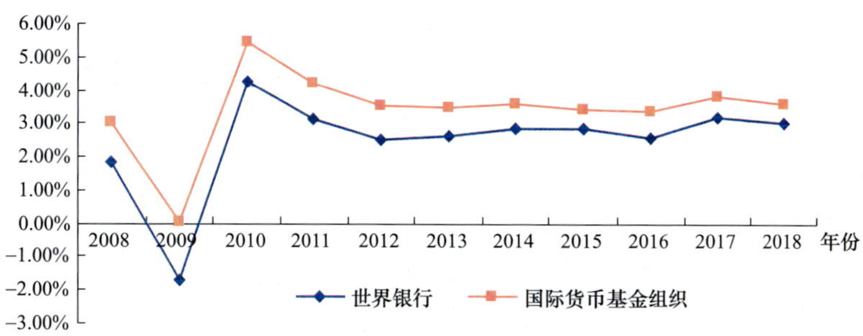

图 1-1　2008～2018 年世界 GDP 增速

数据来源：世界银行、国际货币基金组织

7.1%；进口 140 874 亿元，增长 12.9%。

1.1.2　全国高载能行业现状

高载能行业去产能持续推进。2018 年，我国核减电解铝产能 294.6 万 t；超额完成 3 千万钢铁去产能目标任务；化工行业中电石、氯碱、氮肥、磷肥等行业产能增长放缓，落后产能加快退出，其中，合成氨退出超过 1000 万 t，电石退出约 400 万 t，烧碱退出 168 万 t，聚氯乙烯退出 208 万 t，黄磷减少 34.5 万 t；建材行业中水泥行业在产能置换政策影响下，产能总量与 2017 年相当。

主要产品生产呈放缓态势。2018 年，高载能行业产品产量平稳增长。具体来看：有色金属行业中，电解铝产量 3580 万 t，同比增长 7.4%；铜产量 903 万 t，同比增长 8%；铅产量 511 万 t，同比增长 9.8%；锌产量 568 万 t，同比下降 3.2%。钢铁行业中，生铁、粗钢、钢材产量分别为 7.7 亿 t、9.3 亿 t、11.1 亿 t，分别同比增长 3.0%、6.6%、8.5%。非金属行业中，水泥产量达到 21.8 亿 t，同比增长 3.0%；平板玻璃产量 8.7 亿重量箱，同比增长 2.1%。主要化工产品总产量低速增长，增幅约 2.3%，较上年回落 0.2 个百分点。其中，磷肥产量 1696 万 t（折纯 P_2O_5），同比减少 0.9%；黄磷产量 92.7 万 t，较 2017 年减少约 4.5 万 t。

主要行业产能利用率小幅提高，但仍低于 80%[❶]。在去产能和产量增长的共同作用下，高载能行业的产能利用率有所提高。2018 年，有色金属冶炼及压延加工业产能利用率为 78.8%，较上年提升 0.5 个百分点。黑色金属冶炼和压延加工业产能利用率为 78.0%，较上年提高 2.2 个百分点。建材行业产能利用率为 69.9%，较上年下降 1.1 个百分点。2019 年上半年，建材行业产能利用率为 69.3%，较上年同期小幅上升 0.1 个百分点。化学原料和化学制品制造业中，合成氨、磷酸一铵、磷酸二胺产能利用率分别为 83.7%、91.5%、76.3%，较上年分别提高 4.6、13.9、2.1 个百分点。

1.1.3　南方五省区高载能行业现状

在资源禀赋、区位条件等因素作用下，南方五省区高载能行业生产分化。其中，电解铝、黄磷等行业在原材料、电力成本优势的刺激下，将产能转移至广西、云南等省区。钢铁、石化等行业企业向临港临海型布局，广东和广西区位优势明显。

南方五省区承接其他区域电解铝、钢铁产能转移步伐加快。分行业来看，2018 年，神火、其亚和云铝等企业纷纷在云南新建、扩建电解铝产能，中铝整合云南冶金等联合重组不断推进，铝冶炼能耗不断下降。钢铁行业受环保和原材料运输等因素驱动，产能向西南和沿海等临港临海地区转移，广东和广西承接了部分北方地区转移产能。目前，国内水泥产能利用率呈现明显的南高北低态势，通过跨省产能置换，华北、东北等过剩产能突出地区向桂滇黔等西南省份转移。磷肥、黄磷等产能向资源优势突出的云贵等地区集中的趋势更加明显，由于环保督查因素，部分环保要求不达标的生产线仍处于整改或关停阶段。石化行业加快向珠三角炼油产业集群聚集。

❶ 国际普遍标准认为产能利用率低于 80%为产能过剩，低于 75%为严重过剩。

电解铝和石化行业产量快速增长，钢铁、水泥和磷化工行业生产较为平稳。2018 年，南方五省区电解铝产量、原油加工量分别为 425、9554 万 t，分别同比增长 21.1%和 17.7%，增速分别高于全国 13.7、10.9 个百分点。粗钢、水泥产量分别为 7486、52 667 万 t，分别同比增长 5.2%、5.9%，粗钢产量增速低于全国 1.4 个百分点，水泥产量增速高于全国 2.9 个百分点。黄磷产量约 68.2 万 t，同比增长 1.6%，增速高于全国 4.9 个百分点。

1.2　高载能行业发展展望

1.2.1　宏观经济展望

全球经济增长不确定性因素增加。2019 年，全球经济增长面临着较大下行压力。5～7 月摩根大通的全球制造业 PMI 指数分别为 49.8、49.4、49.3，连续三个月下降且低于荣枯线。OECD 综合领先指标已连续 17 个月放缓，降至金融危机以来最低水平。在此背景下，世界银行、IMF、OECD 等机构纷纷下调 2019 年世界经济增长预期。7 月份，IMF 将 2019 年全球经济增长预期下调至 3.2%，为金融危机以来最低水平。世界银行预计，2019 年新兴经济体和发展中国家经济增速将下滑至 4%，为 4 年来的低点。主要经济体 GDP 增长率预测见表 1-1。

表 1-1　主要经济体 GDP 增长率预测　%

	2015 年	2016 年	2017 年	2018 年	2019E[1]	2020E
世界经济	3.2	3.2	3.8	3.6	3.2	3.5
发达国家	2.1	1.7	2.2	2.2	1.9	1.7
美国	2.6	1.5	2.2	2.9	2.6	1.9

[1] 本报告中 2019—2020 年为预测值。

续表

	2015年	2016年	2017年	2018年	2019E❶	2020E
欧元区	2	1.8	2.1	1.8	1.3	1.6
日本	1.2	1.0	1.5	0.8	0.9	0.4
新兴市场和发展中国家	4.1	4.3	4.6	4.5	4.1	4.7
印度	7.6	7.1	6.7	7.1	7.0	7.2
俄罗斯	-3.7	-0.2	1.8	2.3	1.2	1.9

数据来源：2019年7月IMF《世界经济展望》。2019—2020年为预测值，下同

国内经济下行压力加大。在全球经济持续下行与中美贸易摩擦升级的叠加作用下，我国经济持续面临下行压力。上半年，GDP同比增长6.3%，比2018年全年回落0.3个百分点。下半年，受居民收入增长放缓、就业压力有所抬升及家庭债务水平高企等因素影响，居民消费能力整体有所下降。同时，全球经济下行风险增加，中美贸易摩擦前景不乐观，我国出口可能承压下行。内外需总体疲弱，供给端将难有改善。逆周期调节有利于对冲和缓解下行压力，但无法扭转下行态势。预计GDP全年增长6.2%左右。

大宗商品价格或将下降。2019年以来，贸易保护主义抬头，中美贸易摩擦等因素对全球大宗商品交易造成较大影响。中东地区冲突仍可能增强，叙利亚局势尚未缓解，地缘政治因素仍是影响大宗商品价格的重要因素。在此背景下，全年国际大宗商品价格或将下降。国际大宗商品名义价格指数预测见表1-2。

表1-2　　国际大宗商品名义价格指数预测　　价格指数（2010=100）

	2015年	2016年	2017年	2018年	2019E	2020E
能源	65	55	68	87	82	81
原油（$/桶）	51	43	53	68	66	65
非能源	82	79	84	85	83	85

续表

	2015 年	2016 年	2017 年	2018 年	2019E	2020E
金属矿产	67	63	78	83	81	82
基础金属	91	68	85	91	87	89

数据来源：2019 年 4 月世界银行《大宗商品市场展望》

1.2.2　全国高载能行业发展展望

高载能行业主要产品产量将保持中低速增长态势。随着行业去产能阶段性目标的实现，基于稳增长和稳投资的政策导向，高载能行业生产形势将趋于稳定。分行业来看，电解铝行业趋于理性发展，预计 2019 年和 2020 年，电解铝产量分别为 3756 万 t 和 3967 万 t，分别同比增长 4.9%和 5.6%，粗钢产量分别为 9.7 亿 t 和 9.9 亿 t，增速分别为 4.8%和 1.5%，水泥行业在错峰限产政策约束下产量平稳增长，预计 2019 年和 2020 年产量分别为 22.9 亿 t 和 23.4 亿 t，同比增速分别为 5.3%和 2%。化工行业运行面临下行压力，行业需求将进一步减弱，黄磷产量继续负增长，2019 年和 2020 年产量分别为 84.8 万 t 和 83.6 万 t，分别同比下降 3.2%和 1.5%。国内石油加工产能将加速释放，预计 2019 年和 2020 年原油加工量分别为 6.34 亿 t 和 6.74 亿 t，分别同比增长 5.1%和 6.4%。2019～2020 年全国高载能行业生产走势预测见表 1-3。

表 1-3　　2019～2020 年全国高载能行业生产走势预测

种　类	2018 年		2019E		2020E	
	产量	同比增长（%）	产量	同比增长（%）	产量	同比增长（%）
电解铝	3580 万 t	7.4	3756 万 t	4.9	3967 万 t	5.6
粗钢	9.3 亿 t	6.6	9.7 亿 t	4.8	9.9 亿 t	1.5
铁合金	499 万 t	−13.8	508 万 t	1.7	517 万 t	1.9
水泥	21.8 亿 t	3.0	22.9 亿 t	5.3	23.4 亿 t	2.0

续表

种　类	2018 年		2019E		2020E	
	产量	同比增长（%）	产量	同比增长（%）	产量	同比增长（%）
黄磷	87.6 万 t	－3.3	84.8 万 t	－3.2	83.6 万 t	－1.5
原油	60 357 万 t	6.8	63 418 万 t	5.1	67 476 万 t	6.4
乙烯	1841 万 t	1.0	2067 万 t	12.3	2251 万 t	8.9

1.2.3 南方五省区高载能行业发展展望

电解铝和石化产量保持快速增长态势，钢铁产量平稳增长，水泥和磷化工行业生产增长偏弱。从电解铝行业来看，在前期广西、云南投产的电解铝产能逐步释放带动下，五省区电解铝产量将继续保持较快速度增长，预计 2019 年和 2020 年，五省区电解铝产量分别同比增长 16.9%和 8.9%。从钢铁行业来看，广东和广西粗钢产量将保持稳定增长，预计 2019 年和 2020 年，五省区粗钢产量分别增长 3.7%和 3.8%。水泥行业下游需求相对平稳，预计 2019 年和 2020 年五省区水泥产量增速分别为 0.3%和 0.5%。从化工行业来看，受需求端支撑不足及黄磷企业环保整治影响，云南、贵州黄磷产量将继续下降。从石化行业来看，未来多个石化项目将落户南方五省区，重点在广东省，珠三角地区石化产业将进一步壮大，2020 年新投产能达产后，原油加工量和乙烯产量保持较快增长。2019～2020 年南方五省区高载能行业生产走势预测见表 1-4。

表 1-4　　2019～2020 年南方五省区高载能行业生产走势预测

种　类	2018 年		2019E		2020E	
	产量（万 t）	同比增长（%）	产量（万 t）	同比增长（%）	产量（万 t）	同比增长（%）
电解铝	425	21.1	497	16.9	541	8.9
铁合金	499	－13.8	508	1.7	517	1.9
生铁	5377	7.5	5785	7.6	6037	4.4

续表

种　类	2018 年		2019E		2020E	
	产量（万 t）	同比增长（%）	产量（万 t）	同比增长（%）	产量（万 t）	同比增长（%）
粗钢	7486	5.2	7761	3.7	8057	3.8
钢材	9724	1.4	10 921	12.3	11 740	7.5
水泥	52 667	5.9	52 813	0.3	53 066	0.5
黄磷	68.2	1.6	65.9	－3.4	65.1	－1.2
原油	9554	17.7	9554	0	10 054	5.2
乙烯	299	20.6	350	17.1	390	11.4

1.3　南方五省区高载能行业与电力的关系

电解铝、铁合金和黄磷等行业单位产品生产电耗高，对电价较为敏感，趋向于在电力资源丰富、电价低廉的地区布局。上述行业用电量与产品产量、单位电耗具有明显的正相关特性。钢铁和石化行业产品生产电耗不高，行业产能倾向于靠近消费市场、运输条件便利的区域布局，由于产量规模较大，造成行业用电量较为可观。水泥行业产品生产电耗不高，生产工艺趋同，用电量主要与产品产量、单位电耗有关。

电解铝单位产品电耗高，需要丰富而价廉的电力资源。2018 年，南方五省区电解铝企业交流电耗大多低于 13 600kWh/t。电力成本是电解铝生产中主要成本之一，目前桂滇黔地区电力成本占生产成本的比例在 35%左右。2018 年，桂滇黔地区电解铝企业平均电价在 0.33～0.37 元/kWh 之间。

铁合金单位产品电耗高，电力成本是铁合金生产的主要成本之一。根据中国钢铁协会统计，我国硅铁、硅锰、高碳铬铁、镍铁冶炼电耗分别为 7700、4060、3898、4600kWh/t。按 2018 年平均价格进行测算，电力成本占硅铁合金成本的 71%，占硅锰、镍铁、高碳铬铁成本的 30.9%、

23.8%、21.5%。

钢铁行业单位产品电耗不高，电力成本对钢铁行业生产影响有限。钢铁行业产品多样和工艺复杂，不同企业、产品电耗存在较大差异。2018年，五省区各省钢企电耗在350～450kWh/t之间。含铁原料费用是钢铁行业的最主要成本，电力成本占比较小，在4%～10%之间。钢铁是我国应用规模最大的金属材料，行业用电量较大。

水泥的生产电耗不高，电力成本对行业生产的影响有限。2018年，南方五省区单位水泥产品电耗约55～60kWh/t，电力成本占水泥生产成本的15%左右。由于余热发电量占水泥耗电量的比重约30%～45%，随着余热发电技术的普及推广，水泥用电成本将明显下降。

黄磷单位产品电耗高，行业趋向在矿石资源、电力条件优越的区域布局。目前，云南省黄磷行业平均综合电耗在13 100～13 200kWh/t之间。电力成本占黄磷生产成本的60%左右，是黄磷行业生产的主要成本。黄磷产量规模较小，2018年五省区黄磷产量不到90万t，行业用电总量不大。

石化单位产品生产电耗不高，电力成本对行业生产的影响较弱。2018年，南方五省区重点炼油厂的电耗在40～80kWh/t之间。电力成本占石化行业生产成本较低，约为2%。石化工厂的选址更多看重港口位置、消费能力等方面，对电力成本考虑较少。尽管吨油电耗不高，由于石化项目体量巨大，行业总用电量仍非常可观。

1.4　南方五省区高载能行业电力消费

1.4.1　高载能行业电力消费现状

高载能行业用电总量占第二产业的比重回升。高载能行业用电量占第二产业用电量的比重反映经济增长对能源的依赖程度。2010～2018年间，南方五省

区高载能行业用电占比呈现波动上升的趋势。2013 年，五省区高载能行业用电量占第二产业的比重为 39.7%，至 2016 年下降至 36.9%，2018 年又回升至 38.7%。与 2010 年相比，2018 年有色金属、非金属和石油化工行业用电量占比分别提高了 1.8、1.2、0.6 个百分点，黑色金属和化工行业占比分别下降了 1.7、1.6 个百分点。2010～2018 年南方五省区高载能行业用电量占第二产业比重走势如图 1-2 所示。

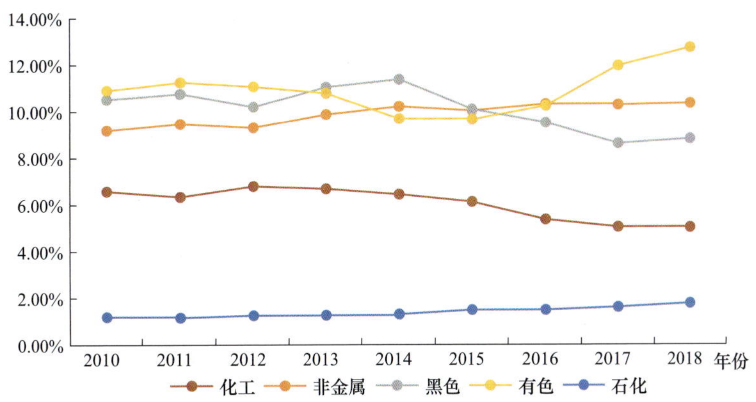

图 1-2　2010～2018 年南方五省区高载能行业用电量占第二产业比重走势

电解铝、钢铁和石化行业用电量以两位数的速度增长。2018 年，南方五省区电解铝行业用电量 574 亿 kWh，同比增长 20.3%，高于全国增速 10.0 个百分点。钢铁行业用电 349 亿 kWh，同比增长 21.5%，高于全国增速 17.4 个百分点。石化行业用电量 134 亿 kWh，同比增长 18.6%，高于全国增速 10.5 个百分点。

水泥和黄磷行业用电量相对平稳。2018 年，南方五省区水泥行业用电量 322 亿 kWh，同比增长 7.2%，相较上年增速回升 17.8 个百分点，高于全国增速 12.1 个百分点。黄磷行业用电量 99 亿 kWh，同比减少 3.5%，低于上年增速 4.7 个百分点，低于全国增速 15.8 个百分点。2010～2018 年南方五省区典型高载能行业用电量走势如图 1-3 所示。

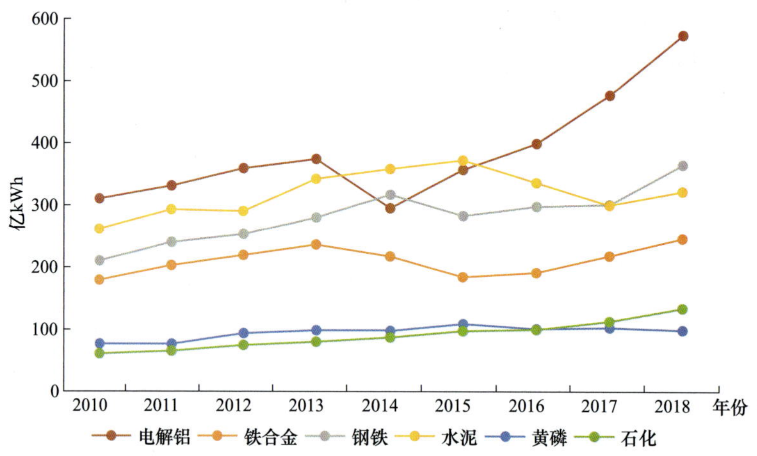

图 1-3　2010～2018 年南方五省区典型高载能行业用电量走势图

1.4.2　高载能行业电力消费预测

电解铝、钢铁和石化行业成为拉动用电量增长的主要力量。从电解铝行业来看，随着广西和云南新增产能不断投产，预计电解铝用电量将保持快速增长，2019～2020 年，五省区行业用电量将增加 156 亿 kWh。根据国家发改委〔2019〕1298 号文批复意见，2019 年 8 月至 2022 年年底，云南电力用户消纳弃水电量暂不收取输配电价，预计电解铝企业将进一步受益。从钢铁行业来看，随着广东、广西承接的钢铁项目建成投产，将带动南方五省区钢铁行业用电增速回升，预计 2019～2020 年，南方五省区钢铁行业用电量将增加 54 亿 kWh。从石化行业来看，随着广东和广西新增产能不断投产，预计行业用电量增长较快，2019～2020 年，五省区行业用电量将增加 26 亿 kWh。

水泥和黄磷行业用电量相对平稳。从水泥行业来看，水泥熟料生产在绝大多数省市中属于引导逐步调整退出或不再承接的产业，预计近两年南方五省区水泥用电总量将维持现状水平。从黄磷行业来看，西南多省纳入“三磷”整治，黄磷行业进入发展调整期，预计 2019～2020 年，行业用电需求较以往将有所减少。南方五省区重点行业用电走势预测见表 1-5。

表 1-5 南方五省区重点行业用电走势预测 亿 kWh，%

种类	2018 年		2019E		2020E		2019～2020 新增用电量
	用电量	同比增长	用电量	同比增长	用电量	同比增长	
电解铝	574	20.3	671	16.9	730	8.8	156
铁合金	246	12.9	249	1.2	254	2	8
钢铁	365	21.5	399	9.1	419	5.1	54
水泥	322	7.2	323	0.2	321	-0.5	-1
黄磷	99	-3.5	95.8	-3.2	94.7	-1.1	-4
石化	134	18.6	143	6.5	160	12.3	26

1.5 高载能行业发展评价

重点领域化解产能过剩工作取得积极成效。2018 年，我国超额完成年度钢铁去产能目标任务，已提前完成“十三五”确定的钢铁去产能 1.4 亿～1.5 亿 t 的上限指标，行业产能利用率有所提升，行业效益快速增长。400 万 t 电解铝产能实现了跨省置换，电解铝行业产能利用率接近 85%。水泥行业产能置换稳步推进，产能过剩问题得到初步缓解，2018 年全国产能与上一年相当，南方五省区水泥产能同比减少 24.4 万 t，南方大部分省份的产能利用率保持在 90%以上。国内黄磷产能继续减少，2018 年全国黄磷产能同比减少 8.2 万 t，云南和贵州两省黄磷产能同比减少 0.7 万 t。水泥、化工、石化等行业效益提升。

产能过剩问题依然存在，结构性矛盾仍较突出。2018 年，化工、建材行业产能利用率分别为 74.2%、69.9%，分别比上年低 2.8、1.1 个百分点，均低于 76.5%的全国平均水平。水泥行业产能利用率为 77.9%，黄磷行业产能利用率连续数年低于 50%。黑色金属行业产能利用率有所上升，但仍不足 80%。部分行业产能过剩矛盾没有根本解决，部分过剩产能只是处在停产状态，要警惕其随时恢复生产冲击市场。我国高载能行业总体技术水平不高，大多数企业还处于产业链中下游，产业链延伸不够，传统低端加工产品产能过剩与高端深加工产品短缺并存。

部分高载能产业产能转移缺乏规划引导。由于缺乏规划引导和低电价刺激下，部分不具备竞争力的企业将产能转移至西部，可能导致西部地区产业结构的畸形化和重型化，造成社会资源在不同产业之间配置失衡。与此同时，存在行政干预电力交易的现象，一些企业获得定向降电价优惠。这些做法与电改初衷不符，影响了电力市场培育，更不利于节能降耗和产业经济转型升级。

高载能产业产能转移未将能源资源作为硬约束。从能源电力承载能力来看，我国仍处于工业化中后期，未来一段时间内能源消费仍将保持增长态势，能源供求将呈紧平衡状态。南方五省区能源自给率低于全国平均水平，未来高载能产业的能源资源约束问题更加突出。以云南省为例，虽然近几年省内电力供应过剩存在“弃水”现象，但水电“季节性电量差异”和省内负荷全年较为平稳的特征，决定了省内长期存在汛枯矛盾，汛期水电“用不完”，枯期“不够用”，需发电成本较高的火电补充。根据预测，云南 2022 年开始出现全年性缺电，即使在火电利用小时数较高的条件下，“十四五”中后期仍存在较大电量缺额，无法满足规划的电解铝、工业硅等产能用电需求。从用电价格来看，随着未来供需形势趋紧、电力成本上升，云南高载能企业无法继续享受低价电力，生产成本与产品价格倒挂的风险较大，后市不容乐观。

第 2 章

有色金属行业

2.1 行业现状

2.1.1 全国有色金属行业整体情况

产量平稳增长。2018 年，全国十种有色金属产量 5688 万 t，同比增长 6.0％，增速较上年提高 3.0 个百分点。其中，铜、铝、铅、锌产量分别为 903 万 t、3580 万 t、511 万 t、568 万 t，分别同比增长 8.0％、7.4％、9.8％、－3.2％；铜材、铝材产量分别为 1716 万、4555 万 t，分别同比增长 14.5％、2.6％。2010～2018 年我国十种有色金属累计产量及同比增速如图 2－1 所示。2017～2018 年我国十种有色金属产品产量见表 2－1。

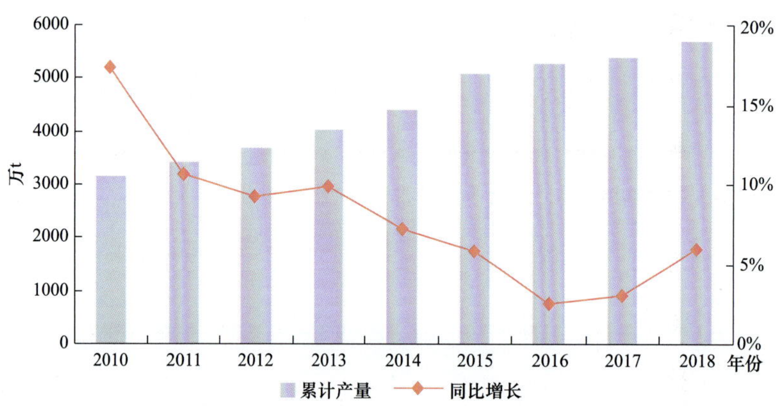

图 2－1　2010～2018 年我国十种有色金属累计产量及同比增速

数据来源：中国有色金属工业协会，国家统计局

表 2－1　　2017～2018 年我国十种有色金属产品产量　　万 t,％

指标名称	2017 年		2018 年	
	产量	同比增长	产量	同比增长
十种有色金属总计	5378	3.0	5688	6.0
1. 精炼铜（铜）	889	7.7	903	8.0

续表

指 标 名 称	2017 年		2018 年	
	产量	同比增长	产量	同比增长
2. 原铝（电解铝）	3227	1.6	3580	7.4
3. 铅	472	9.7	511	9.8
4. 锌	622	-0.7	568	-3.2
5. 镍	20.3	-7.5	18.0	6.4
6. 锡	18.2	-0.3	17.8	5.1
7. 锑	19.9	9.1	19.2	1.4
8. 汞	0.357	4.1	0.232	18.9
9. 镁	102	3.8	69.6	-21.4
10. 海绵钛	6.2	-3.8	6.9	12.1

数据来源：中国有色金属工业协会，国家统计局

产品价格高位震荡回落，行业利润大幅下降。中美贸易战、美联储加息带来的人民币贬值对国内大宗商品造成了利空影响。有色金属价格呈现震荡分化走势，整体重心下移。截至 2018 年年底，上海期货交易所铝、铜、锌、铅结算价分别为 13 550、47 180、21 175 元/t 和 18 550 元/t，分别同比下跌 9.7%、13.1%、17.4%和 2.9%。规模以上有色企业利润 1855 亿元，同比下降 6.1%，其中，采选利润 416 亿元，同比持平；冶炼、加工利润分别为 679 亿、756 亿元，同比下降 10.2%、5.6%，铝行业利润同比下滑 40.1%，成为拖累行业效益的主因。2017 年以来上海期交所基本有色金属价格走势如图 2-2 所示。

2010～2018 年我国有色金属工业产品累计利润及同比增速如图 2-3 所示。

国内需求增速放缓，进出口贸易保持较快增长。2018 年，十种有色金属销售量为 5424 万 t，同比增长 3.2%，增速较上年放缓 11.2 个百分点。有色金属进出口增长较快，其中出口额为 275 亿美元，同比增长 17.9%；进口额为 559 亿美元，同比增长 20.2%。全年出口未锻轧铝及铝材 580 万 t，同比增长 20.9%。2010～2018 年十种有色金属产品销售量及同比增速如图 2-4 所示。

图 2-2　2017 年以来上海期交所基本有色金属价格走势

数据来源：上海期交所

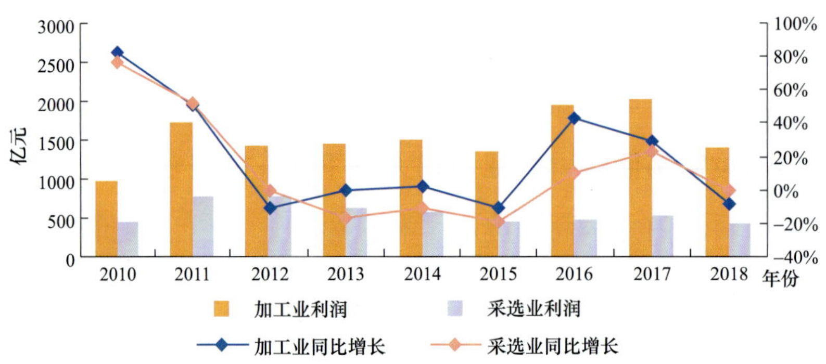

图 2-3　2010～2018 年我国有色金属工业产品累计利润及同比增速

注："加工业"指有色金属冶炼及压延加工业，"采选业"指有色金属矿采选业。数据来源：国家统计局。

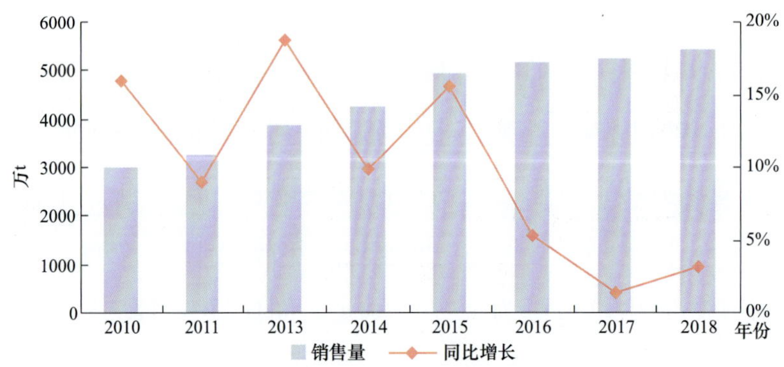

图 2-4　2010～2018 年十种有色金属产品销售量及同比增速

数据来源：国家统计局

2010～2018 年我国有色金属产品累计进出口额及同比增速如图 2-5 所示。

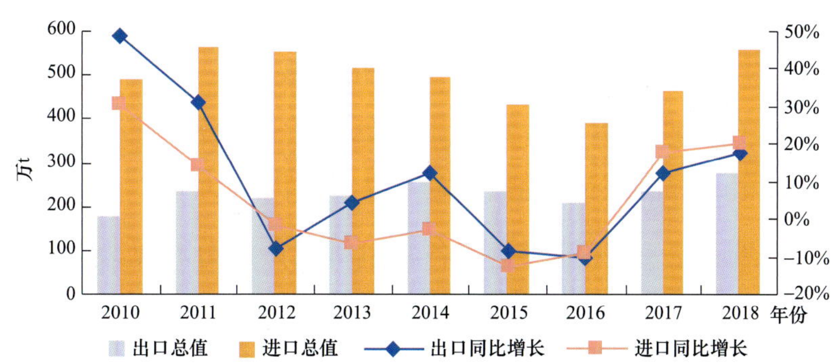

图 2-5 2010～2018 年我国有色金属产品累计进出口额及同比增速

数据来源：中国海关总署

投资有所恢复。2018 年，有色行业固定资产投资同比增长 1.2%，其中，矿山采选投资同比下降 8.0%，冶炼及加工领域投资同比增长 3.2%，由规模扩张转向加大环保、安全等技改以及高端材料、新技术等研发。2010～2018 年我国有色金属冶炼和压延业固定资产投资及同比增速如图 2-6 所示。

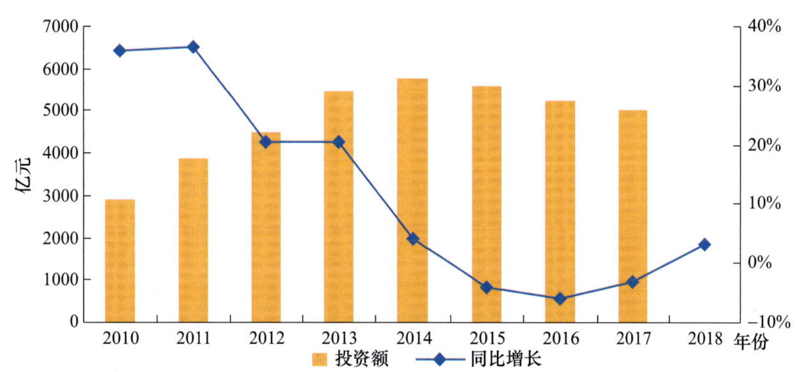

图 2-6 2010～2018 年我国有色金属冶炼和压延业固定资产投资及同比增速

数据来源：国家统计局

2.1.2 全国电解铝行业运行情况

中部地区产能向内蒙古、广西、云南等低电价地区转移。截至 2018 年年底，我国铝冶炼企业建成产能4260万t（未含山东、新疆两地共322万t违规产能），运行产能3570万t，产能运行率[1]为76.5%。从产能分布看，山东、新疆和内蒙古依旧是目前国内最主要的三个电解铝生产省区。南方五省区范围内，电解铝产能分布在广西、云南、贵州三省区，产能分别排全国第7、8、9位。2018年，400万t电解铝产能实现了跨省置换，内蒙古、广西和云南等电价低廉地区产能扩张明显。2018年底全国各省电解铝产能分布见表2-2。

表2-2　　2018年底全国各省电解铝产能分布

地　区	建成产能（万t）	运行产能（万t）	产能运行率（%）	产能排名
东部地区	**948**	**922**	**97.3**	**—**
山东	918	907	98.8	第1
福建	15	15	100.0	第17
浙江	15	0	0.0	—
西部地区	**2658**	**2271**	**85.4**	**—**
新疆	691	644	93.2	第2
内蒙古	528	421	79.8	第3
甘肃	314	227	72.3	第5
青海	292	204	70.0	第6
广西	215	204	95.1	第7
云南	173	153	88.4	第8
贵州	123	116	93.9	第9
宁夏	137	130	95.2	第11
陕西	69	68	98.6	第13
重庆	61	51	83.6	第14
四川	57	53.5	93.9	第15
中部地区	**564**	**334**	**59.1**	**—**
河南	385	234	60.8	第4
山西	153	91.3	59.6	第10

[1] 产能运行率=运行产能/总产能。

续表

地　区	建成产能（万 t）	运行产能（万 t）	产能运行率（%）	产能排名
湖北	26.1	8.3	31.8	第 16
东北地区	**90**	**44**	**48.9**	**—**
辽宁	90	44	48.9	第 12
合计	**4260**	**3570**	**83.8**	—

注　未含山东、新疆违规产能。数据来源：阿拉丁网（ALD）、卓创资讯、中经网搜集整理。

全国电解铝产量增速回升，南方五省区产量以两位数的速度增长。2018 年，我国电解铝产量为 3580 万 t，同比增长 7.4%，增速较上年提高 5.8 个百分点，产能利用率为 84%❶。其中，山东、西部和中部电解铝产量分别为 915 万、2316 万 t 和 350 万 t，占全国的比例分别为 25%、63%、10%。“十三五”期间，山东占比维持原有水平，西部地区产量占比提高 3.0 个百分点，中部占比下降 3.0 个百分点。南方五省区电解铝产量 425 万 t，占全国总产量的 12%，同比增长 21.1%。其中，广西、云南和贵州产量分别为 187 万、131 万 t 和 107 万 t，同比增长 103.1%、1.7%和 5.5%。2010～2018 年以来我国电解铝产量及同比增速如图 2 - 7 所示。

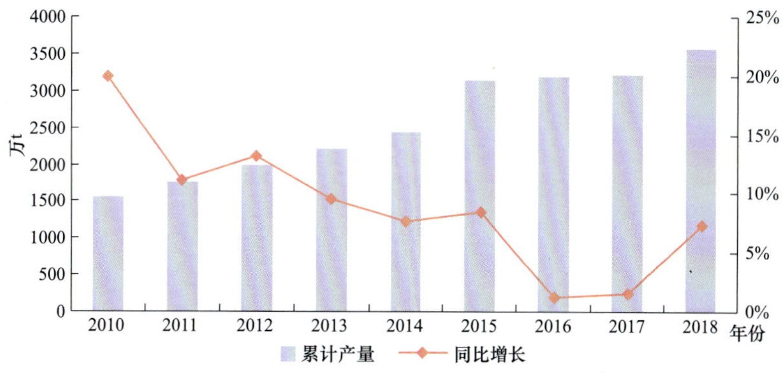

图 2 - 7　2010～2018 年以来我国电解铝产量及同比增速

数据来源：国家统计局

❶ 产能利用率=产量/总产能。

2018 年底全国各省电解铝产能分布如图 2－8 所示。

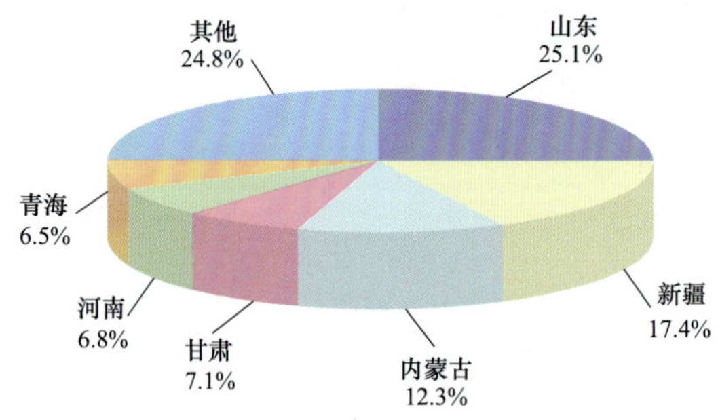

图 2－8　2018 年我国电解铝地区分布情况

数据来源：阿拉丁网（ALD）

近年来广西、云南、贵州 3 省电解铝产量及增长情况见表 2－3。

表 2－3　近年来广西、云南、贵州 3 省电解铝产量及增长情况　万 t，%

分地区	项目	2015 年	2016 年	2017 年	2018 年
广西	产量	57.6	78.4	120	187
	同比增长	11.7	36.1	53.9	103
云南	产量	120	128	129	131
	同比增长	20.0	7.0	0.6	1.7
贵州	产量	85.5	86.5	102	107
	同比增长	31.1	1.1	63.5	5.5
南方五省区	产量	263	293	351	425
	同比增长	21.4	11.3	19.8	21.1
全国	产量	3141	3187	3227	3580
	同比增长	8.4	1.3	1.6	7.4

数据来源：国家统计局，各省统计公报

原铝消费低速增长。2018 年，建筑、交通运输原铝消费领域需求分别同比下降 5%、4%，电力领域原铝消费与上年持平，这三大领域原铝消费占比分别为 24.9%、20.6%、11.7%；此外，消费品占比由上年的 11.2% 上升至

12.6%，铝材出口占比由上年的 14.9%上升至 18.7%。2018 年，我国原铝消费量达到 3679 万 t，较上年增长 2.7%，增幅下降 1.2 个百分点，市场供需基本平衡。2016～2018 年我国原铝分结构消费情况见表 2-4。

表 2-4　2016～2018 年原铝分结构消费情况　万 t，%

消费领域	2016 年	2017 年	2018 年
1. 建筑	939	967	917
同比增长	12%	3%	-5%
2. 交通运输	764	788	758
同比增长	13%	3%	-4%
3. 电力	440	430	430
同比增长	17%	-2%	0%
4. 消费品	394	430	464
同比增长	8%	9%	8%
5. 机械设备	362	394	422
同比增长	18%	9%	7%
6. 出口及其他	548	573	688
同比增长	-4%	5%	20%
合计	3447	3583	3679
同比增长	9.4%	3.9%	2.7%

数据来源：百川资讯

铝价在窄区间震荡走低，行业盈利能力减弱。2018 年，铝价整体在窄幅区间（13 400～15 500 元/t）震荡波动。2018 年底，长江有色金属市场价格报收 13 450 元/t，较年初和上年同期回落 1170、1260 元/t；上海期货交易市场报收 13 550 元/t，较年初和上年同期回落 1505、1470 元/t。2018 年，上游原材料、燃料价格增幅超过电解铝价格涨幅，电解铝行业整体盈利能力减弱。据测算，考虑国内行业自备电产能占比 65%～70%、原料成本上升等因素，2018 年行业加权平均成本上升至 12 800～13 500 元/t，理论盈利约 1000 元/t，但区域盈利水平、企业间盈利水平仍持续分化。2017 年以来上海期交所当月铝价格走势如图 2-9 所示。

图 2-9　2017 年以来上海期交所当月铝价格走势

数据来源：上海期交所

2.1.3　南方五省区电解铝行业运行情况

西部三省区电解铝产业发展整体环境良好。从电价来看，由于原材料成本差异较小，与贵州使用火电相比，云南和广西的电解铝行业具有明显的电力成本优势。实际中，贵州部分企业未按核定的电价交费，其电价反而在三省区中最低。

（一）广西

广西现有电解铝产能居桂滇黔之首。截至 2019 年 6 月，广西电解铝生产企业有 9 家，电解铝产能 230 万 t，其中，百色地区产能 145 万 t，占全省电解铝产能的 63%。2019 年上半年广西电解铝产能分布情况见表 2-5。

表 2-5　　2019 年上半年广西电解铝产能分布情况　　万 t

省　份	城　市	公司名称	产　能
广西	百色市隆林县	广西翔吉有色金属有限公司	7.5
	百色市靖西市	广西信发铝电有限公司	32

续表

省　份	城　市	公司名称	产　能
广西	百色市隆林县	广西隆林百矿铝业有限公司	20
	百色市田林县	广西田林百矿铝业有限公司一段	10
	百色市德保县	广西德保百矿铝业有限公司一段	20
	百色市右江区	广西百色银海铝业有限公司	45
	来宾市迁江镇	广西来宾银海铝业有限公司	25
	百色市平果县	广西华磊材料有限公司	50
	百色市田阳县	广西苏源投资股份有限公司	20
合　计			230

不同供电主体的电价差异较小，原材料就地采购。在电力体制改革和国家支持区域产业发展等背景下，百色市建立了百色区域电网，主要铝企的电厂并入区域电网中运行，网内成本加上税金、政府基金及附加，供电价格约0.365元/kWh。广西电网公司供电的电解铝企业到户电价为0.362元/kWh（含基金）的优惠电价。下一步，百色市将全面推进煤电铝一体化，广西电网也大力推进与区域电网的融合发展。原材料采购方面，广西铝土矿资源丰富、储量大、品位高，已建成四大氧化铝生产基地，电解铝企业具有一定的原材料采购优势。

（二）云南

云南现有产能超过200万t，在桂滇黔区域范围内仅次于广西。云南电解铝生产企业主要有7家。截至2019年6月，云南电解铝产能216万t，现有产能全部归云铝股份有限公司所有。2019年上半年云南省电解铝产能分布情况见表2-6。

表 2-6　　2019 年上半年云南省电解铝产能分布情况　　万 t

省　份	城　市	公司名	产　能
云南	昆明	云南阳宗海铝电解分公司	20
	红河	云南云铝润鑫铝业有限公司	30
	红河	云南云铝涌鑫铝业有限公司	30
	曲靖	云南铝业泽鑫铝业有限公司	40
	曲靖	云南铝业淯鑫铝业有限公司	38
	大理	大理鹤庆溢鑫铝业有限公司一期	23
	昭通	云南铝业昭通项目一期	35
合　计			216

电价相对较为低廉，70%氧化铝需由省外输入。云南水电资源丰富，电价低廉。但是，水电“季节性电量差异”和负荷特性差异决定了汛枯矛盾将长期存在，枯期“不够用”，电力供应需发电成本较高的火电补充。2018 年，省内用电量排名前五的电解铝企业用电价格约为 0.34 元/kWh。原材料采购方面，省内铝土矿探明储量的矿床规模小，矿石铝硅比低，开采利用较困难。企业生产原料主要从省外输入，略微推高了氧化铝采购成本。

（三）贵州

贵州现有产能约 130 万 t，华仁铝和遵义铝产能合计占全省产能的 69%。贵州省电解铝生产企业有 5 家。截至 2019 年 6 月，贵州电解铝产能 131 万 t。民营企业产能规模相对较小。2019 年上半年贵州省电解铝产能分布情况见表 2-7。

表 2-7　　2019 年上半年贵州省电解铝产能分布情况　　万 t

省　份	城　市	公司名称	产　能
贵州	安顺	贵州省安顺黄果树铝业有限公司	13.3
	遵义	遵义铝业股份有限公司（中铝系）	40

续表

省份	城市	公司名称	产能
贵州	兴仁	兴仁登高铝业一段	12.5
	六盘水	双元铝业	15
	清镇市	贵州华仁新材料有限公司（中铝参股）	50
合计			130.8

电价高于广西和云南，氧化铝就地采购。由于小煤矿多数关停，煤炭生产严重不足，煤价较高，贵州发电成本略高于广西、云南。2019 年上半年，贵州电解铝企业平均用电价格约为 0.368 元/kWh。省内电解铝企业用电成本分化，成本最高的铝企电价约为 0.44 元/kWh；某企业由政府出面协调降低电价，电价低至 0.306 元/kWh。原材料采购方面，贵州铝土矿资源丰富、质量优良，已成为国内重要铝工业基地。电解铝企业具有一定的原材料采购优势。

2.2　行业发展

2.2.1　行业政策及影响

（一）全国行业政策

预计 2019 年不会新增产能指标。2018 年 1 月，工信部《关于电解铝企业通过兼并重组等方式实施产能置换有关事项的通知》规定，凡包含电解工序生产铝液、铝锭等的建设项目，均必须实施产能置换，2018 年年底前完成置换。这意味着 2019 年不会出现新增的电解铝产能指标。2019 年 5 月，工信部有关负责人在铝行业运行分析座谈会上强调，要继续严管严控电解铝新增产能，加大违规产能查处力度，严格执行产能置换。

预计短期内燃煤自备电厂的电价政策不会变化。2018 年 3 月，国家发改委下发《燃煤自备电厂规范建设和运行专项治理方案（征求意见稿）》，提出要控制燃煤自备电厂总量、自备电厂要征缴/补缴三类费用的意见。但是，燃煤自备电厂形成原因复杂，阻力较大，方案未能实施。截至 2019 年 6 月，全国铝企自备电产能占比为 65％～70％。有关三类费用的规定落实后，预计自备电厂增加成本 0.126～0.178 元/kWh，增加电费成本 1700～2400 元/t，铝行业用电市场进一步趋向公平。但我国经济面临的外部形势短时难以改变，预计电价政策维持现状可能性较大。

环保限产对山东、河南等地电解铝产能影响较大。2018 年 6 月，国务院部署实施蓝天保卫战三年行动计划，要求重点区域严禁新增钢铁、电解铝、水泥和平板玻璃等产能；7 月，工信部在调整产业结构和实施错峰生产上对电解铝和钢铁行业做出了具体要求。不过，由于国内经济面临复杂的形势，环保执行的力度有所减弱。根据《京津冀及周边地区 2018～2019 年秋冬季大气污染综合治理攻坚行动方案》，“2＋26”城市采暖季压产，涉及电解铝产能约 1240 万 t/年。区域环保限产政策，将降低山东和河南电解铝产能利用率。此外，《中华人民共和国土壤污染防治法》《排污许可管理办法（试行）》《环境影响评价公众参与办法》等三个新环保文件 2019 年 1 月 1 日起施行，预计将增加电解铝企业生产成本。2019 年，生态环境部启动第二轮中央环保督察。

（二）五省区行业政策

广西 2025 年电解铝产量目标值为 480 万 t，约为目前的 2.6 倍。根据《广西铝产业二次创业中长期方案》，广西铝产业总体目标是：到 2025 年，全区铝产业总产值 2000 亿元，工业增加值 720 亿元；力争广西生产的氧化铝 80％在区内电解，广西生产的电解铝 80％在区内进行深加工；氧化铝产量 1200 万 t，电解铝产量 480 万 t，再生铝产量 100 万 t，铝加工产品产量 500 万 t。铝加工产品中精深加工产品占比一半以上。

云南省政府正大力协调降低铝企电价，2022 年左右电解铝产量目标值为 600 万 t。云南省出台多个文件全力支持铝产业发展，制定专项用电价格，计划

通过 5 年左右的“北铝南移”，实现 600 万 t 水电铝的产业布局。自带产能指标入滇企业享受自投产后前五年实施 0.25 元/kWh 的专项优惠电价，投产第六至十年不高于 0.3 元/kWh，但电力企业均未接受该协议电价。**值得注意的是**，根据国家发改委〔2019〕1298 号文，电力用户消纳弃水电量，输配电价暂不收取，预计电解铝企业将受益。

贵州省支持发展电解铝产业。根据 2018 年 12 月印发的《贵州省十大千亿级工业产业振兴行动方案的通知》，贵州省将支持具备发展条件的地区和企业通过多种方式转入电解铝产能指标，有序发展电解铝产能。同时，贵州省严格执行国家产能置换政策。贵州电解铝产业发展在 3 省中相对弱势，个别企业表示若争取到电价优惠政策将扩充 50 万 t 产能。

2.2.2　全国电解铝供需形势预测

原铝消费将继续小幅增长。从需求侧看，房地产、电力、汽车、家电等传统消费领域持续走弱，新兴应用领域有待拓展。但在稳增长、稳投资等宏观行业政策下，基建投资继续改善。2019 年，国内原铝消费将小幅增长，消费量将达 3828 万 t，同比增长约 4.0%。2019～2020 年全国原铝消费预测见表 2-8。

表 2-8　2019～2020 年全国原铝消费预测　　万 t，%

消费领域	2018 年	2019E	2020E
1. 建筑	917	940	959
同比增长	-5%	3%	2%
2. 交通运输	758	739	743
同比增长	-4%	-3%	0%
3. 电力	430	464	483
同比增长	0%	8%	4%
4. 消费品	464	502	539

续表

消费领域	2018 年	2019E	2020E
同比增长	8%	8%	8%
5. 机械设备	422	453	483
同比增长	7%	8%	6%
6. 出口及其他	688	729	762
同比增长	20%	6%	4%
合计	3679	3828	3969
同比增长	2.7%	4.0%	3.7%

电解铝产量将继续增长。2019 年，工信部继续联合有关方面严控电解铝新增产能，积极扩大铝应用，引导铝工业高质量发展。1～7 月，电解铝产量为 2049 万 t，同比增长 1.6%。在产能政策和环保政策约束下，电解铝合规产能的“天花板”已经形成。从结构上看，小企业的产能有限，生存环境逐步恶化；而部分大企业能够依靠大用户直购电优势获得收益，产能增长较快。综合预计，2019 年全年电解铝产量约为 3756 万 t，同比增长约 4.9%。根据《有色金属工业发展规划（2016—2020 年）》对电解铝产量的控制要求，预计 2020 年将达到 3967 万 t，同比增长 5.6%。

电解铝产能向云南、广西转移。截至 2019 年 8 月，我国电解铝已建成且待投产的新产能 364.6 万 t，已投产 135.8 万 t，新产能待投产 228.8 万 t，年内另在建且具备投产能力新产能 90 万 t，预计年内还可投产 105 万 t，年度最终实现投产新产能累计 230.8 万 t。其中，广西、云南、贵州均有新增产能，云南增加产能较多。

2.2.3 南方五省区电解铝产量预测

南方五省区电解铝产能快速增长，云南产能扩张步伐加快。目前，云南省

5个在建项目全部为新建项目，广西和贵州新增产能为已有项目的续建段。至2020年，广西、云南、贵州将在2019年6月基础上再新增产能30万、81万、37.5万t。“十四五”期间云南再新增产能130万。广西、云南、贵州电解铝在建项目分别见表2-9～表2-11。

表2-9　广西电解铝在建项目　万t

公司名称	产能	规划投产的产能			备注
		2019年底	2020年底	2025年底	
广西田林百矿铝业二段	20	20	20	20	2019年底投产
广西德保百矿铝业二段	10	10	10	10	2019年底投产
小计	30	30	30	30	

表2-10　云南电解铝在建项目　万t

公司名称	产能	规划投产的产能			备注
		2019年底	2020年底	2025年底	
云铝海鑫铝业（二期）	35			35	2019年启动建设
云南文山铝业（一期）	50			50	2022年投产
云南其亚金属	35	18	18	35	2019年下半年投产
云南神火铝业（一期）	45	45	45	45	2019年下半年投产
云南神火铝业（二期）	45		18	45	2020年底投产
小计	210	63	81	210	

表2-11　贵州电解铝在建项目　万t

公司名称	产能	规划投产的产能			备注
		2019年底	2020年底	2025年底	
兴仁登高铝业（二至四段）	37.5	37.5	37.5	37.5	2019年底投产
小计	37.5	37.5	37.5	37.5	

预计南方五省区电解铝产量将继续保持快速增长。随着近几年新增产能陆续投运、分段投产，云南和广西电解铝产量将快速增长，贵州省内依靠中铝系

企业扩产带动，产量将平稳增长。综合考虑产能释放、电价水平等因素，预计 2020 年，西部三省区电解铝产量约为 541 万 t，同比增长 8.9%。其中，广西、云南和贵州产量分别为 240 万、160 万、141 万 t。2019～2020 年广西、云南、贵州电解铝产量预测见表 2 - 12。

表 2 - 12　　2019～2020 年广西、云南、贵州电解铝产量预测　　万 t，%

分地区	项目	2018 年	2019E	2020E
广西	产量	187	220	240
	同比增长	103.1	17.7	9.1
云南	产量	131	146	160
	同比增长	1.7	11.7	9.8
贵州	产量	107	131	141
	同比增长	5.5	11.6	7.8
南方五省区	产量	425	497	541
	同比增长	21.1	16.9	8.9
全国	产量	3580	3756	3967
	同比增长	7.4	4.9	5.6

2.3　南方五省区电解铝行业与电力的关系

2.3.1　行业生产电耗

电解铝行业是典型的高耗电行业，单位产品电耗大。近年来，随着节能低碳技术的不断提高，电解铝综合交流能耗总体呈下降趋势。目前，我国电解铝企业综合交流电耗在 13 000～16 000kWh/t 区间，铝锭综合交流电耗优于 13 700kWh/t 的产量占比近 80%。2017 年，广西电解铝企业交流电耗大多低于

13 600kWh/t，云铝公司综合电耗为 13 500kWh/t。近年来我国电解铝综合交流电耗标准如图 2-10 所示。

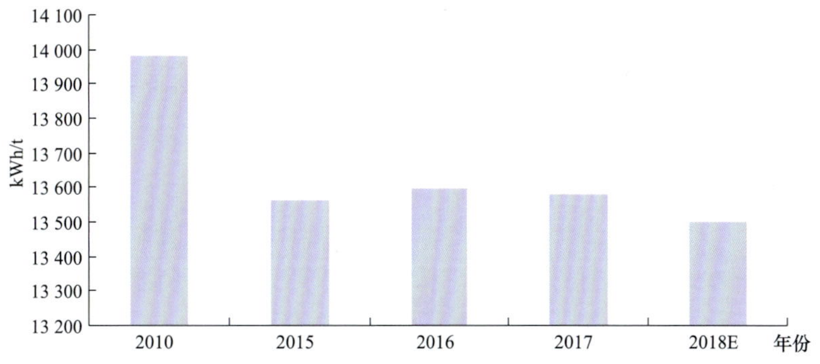

图 2-10　近年来我国电解铝综合交流电耗标准

数据来源：中国电力企业联合会

2.3.2　行业用电价格及电力成本分析

随着产能西移，行业电力成本下降。根据有色金属行业协会调研，山东、西北地区自备电模式电价优势明显，其次是西南地区，中部地区电价较高。2018 年，新疆地区电解铝用电价格低于 0.20 元/kWh，山东、陕西和内蒙古电价为 0.2～0.3 元/kWh，全国行业加权平均电价低于 0.3 元/kWh。

桂滇黔范围内，电解铝企业用电价格为 0.33～0.37 元/kWh，综合考虑当前铝价以及原材料成本，电解铝企业盈亏平衡点电价约为 0.365 元/kWh。2019 年上半年各省电解铝企业电价表见表 2-13。

表 2-13　　2019 年上半年各省电解铝企业电价表　　元/kWh

省份	加权自备电价	加权网电价	加权综合电价	电价优势排名	备　注
新疆	0.184	0.29	0.188	第 1	自备电比例 94%，煤电价格全国最低
内蒙古	0.207	0.345	0.220	第 2	自备电比例约 89%，需缴纳过网费
陕西	0.264	—	0.264	第 3	自备电比例接近 100%

续表

省份	加权自备电价	加权网电价	加权综合电价	电价优势排名	备　注
山东	0.28	—	0.28	第4	自备电比例接近100%
甘肃	0.302	0.283	0.297	第5	自备电比例接近50%
青海	—	0.303	0.303	第6	
四川	—	0.31	0.310	第7	
宁夏	0.306	0.358	0.329	第8	自备电比例约50%
云南	—	0.334	0.334	第9	大用户直接交易模式
广西	0.346	0.366	0.361	第10	大用户直接交易模式
贵州	—	0.368	0.368	第11	火电成本高
山西	0.42	0.359	0.386	第12	自备电比例约为48%，火电成本高
重庆	0.382	0.42	0.387	第13	自备电比例约为85%
福建	—	0.39	0.39		
河南	0.376	0.598	0.406		自备电比例约为80%
辽宁	—	0.48	0.48		

数据来源：上海有色网（SMM）

电力成本是电解铝生产的主要成本之一。电解铝行业产品同质性强、售价统一、生产技术差别较小，企业竞争力主要体现在对生产成本的压缩上。原料辅料费和电费是电解铝生产中最主要的两大成本。目前，全国各省电解铝用电价格差异较大，电力成本占比为20%～40%。电价每下降0.1元/kWh，电解铝生产成本下降1350元/t，电价变化对企业效益的影响较大，追求电价差成为电解铝企业成本管控的重要手段。

2.4　南方五省区电解铝行业电力消费

2.4.1　行业用电现状

南方五省区电解铝行业用电量574亿kWh，同比增长20%以上。2018年，

全国电解铝行业用电量约为 4833 亿 kWh，同比增长 10.3%。南方五省区电解铝行业用电 574 亿 kWh，同比增长 20.3%，较 2017 年提高 0.6 个百分点，高于全国增速 10.0 个百分点。2015～2018 年全国及南方五省区电解铝行业用电情况见表 2-14。

表 2-14　2015～2018 年全国及南方五省区电解铝行业用电情况　亿 kWh，%

分地区	项目	2015 年	2016 年	2017 年	2018 年
全国	用电量	4260	4334	4382	4833
	同比增长	28.5	1.7	1.1	10.3
南方五省区	用电量	357	399	477	574
	同比增长	21.1	11.8	19.7	20.3
广西	用电量	78.1	107	164	252
	同比增长	11.4	36.5	53.6	53.9
云南	用电量	163	175	176	177
	同比增长	19.7	7.3	0.4	1.1
贵州	用电量	116	118	138	145
	同比增长	30.8	1.4	17.6	4.9

广西电解铝行业用电量继续保持高速增长，云南、贵州温和增长。2018 年，广西、云南、贵州电解铝行业用电量分别为 252 亿、177 亿、145 亿 kWh，分别同比增长 53.9%、1.1%、4.9%。广西近几年新增产能投产较多，带动行业用电高速增长；云南省前两年无电解铝新增项目投产，存量企业产能利用率处于较高水平，行业用电增长缓慢；贵州省内单体最大的电解铝项目——华仁新材料有限公司增产（2017 年年底投产），但省内其他企业因市场价格因素减产，省内电解铝产量平稳增长。

2.4.2　行业用电预测

2020 年，南方五省区电解铝用电量约为 730 亿 kWh，与 2018 年相比行业用电量增加156亿kWh，增长27%。其中，广西、云南和贵州行业用电量分别为324亿、216亿、190亿kWh，与2018年相比行业用电量分别增加72亿、39亿kWh和45亿kWh。2019～2020年南方五省区电解铝行业用电量预测见表2-15。

表2-15　2019～2020年南方五省区电解铝行业用电量预测　亿kWh，%

分地区	项目	2018年	2019E	2020E
南方五省区	用电量	574	671	730
	同比增长	20.3	16.9	8.8
广西	用电量	252	297	324
	同比增长	53.9	17.9	9.1
云南	用电量	177	197	216
	同比增长	1.1	11.3	9.6
贵州	用电量	145	177	190
	同比增长	4.9	22.1	7.3

第 3 章

黑色金属行业

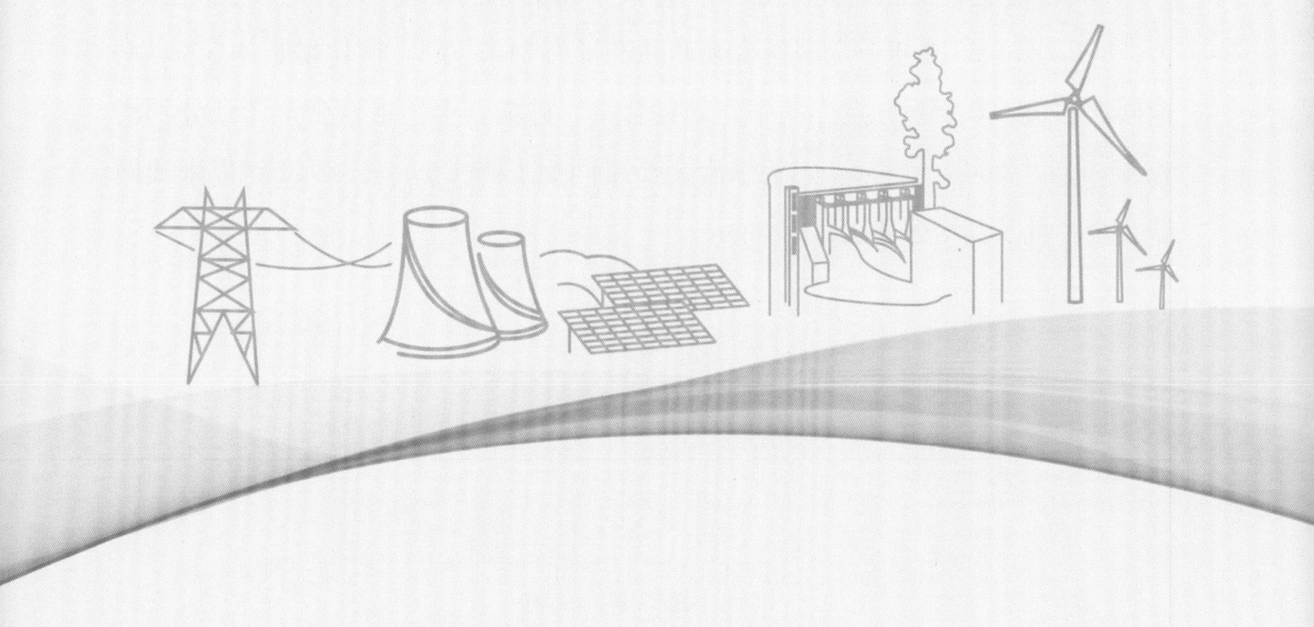

3.1 行业现状

3.1.1 全国铁合金、钢铁行业运行情况

（一）铁合金行业

铁合金主要应用于钢铁冶炼中作为脱氧剂和合金剂，用以改善钢材产品的质量和性能。目前，我国平均吨钢消耗铁合金15～25kg左右。按组成元素，铁合金可分为硅系、锰系、铬系、镍系等。

全国铁合金生产提速。2018年，我国四大铁合金产品的产能合计为5896万t，其中硅锰、镍铁、高碳铬铁、硅铁产能分别为3500万、2107万、1328万、892万t。2018年，全国铁合金产品产量为3123万t，同比增长4.5%，增速同比加快4.0个百分点。其中，硅锰合金、硅铁合金、铬铁合金产量分别增长43.1%、26.3%、6.8%，镍铁合金产量同比下降12.6%。2010年以来我国铁合金产量及其增速如图3-1所示。

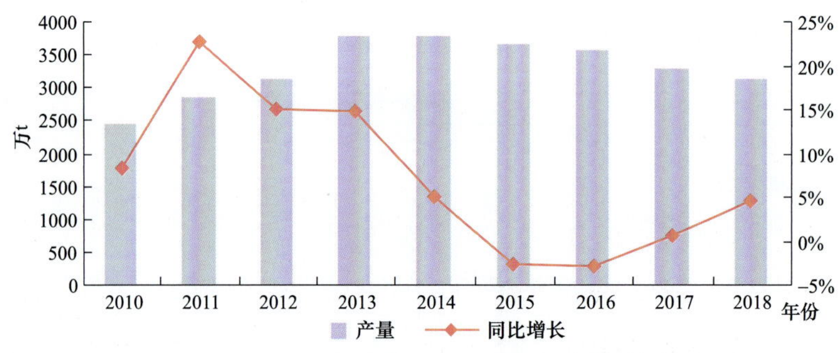

图3-1　2010年以来我国铁合金产量及其增速

数据来源：国家统计局

内外需形势向好，铁合金表观消费量止跌回升。铁合金消费与钢铁行业运行息息相关。2018年钢铁行业产量创历史新高，带动上游铁合金消费

增长。产能转移推动外需形势向好。部分国内钢铁企业在东南亚投资建厂，拉动铁合金出口增加。2018 年，铁合金出口量为 154 万 t，同比增长 19.2%。全年铁合金表观消费量为 3338 万 t，增速由上年的下降 8.7%转为增长 1.6%。

铁合金价格高于上年同期水平，硅锰价格涨幅较大。2018 年，硅锰价格涨幅较高，4～6 月价格在 7000～8000 元/t 运行，其余月份价格均高于 8000 元/t。硅铁价格走势平稳，1～4 月价格逐月回落，5～11 月基本围绕 6600 元/t 波动运行。2010 年以来我国铁合金表观消费量及其增速如图 3-2 所示。

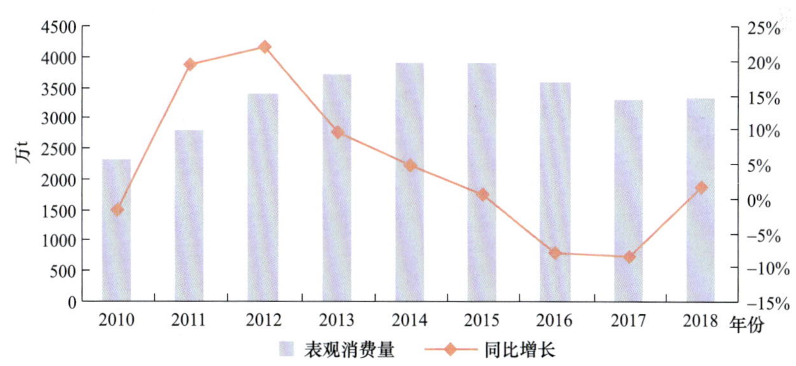

图 3-2 2010 年以来我国铁合金表观消费量及其增速

数据来源：国家统计局

（二）钢铁行业

钢铁冶炼方式有长流程炼钢和短流程炼钢两种典型工艺，其中，高炉一转炉、电弧炉分别是长流程和短流程的核心设备。长流程以铁矿石为原料，以焦炭为主要能源，经过高炉炼铁制成铁水（生铁），加入废钢、铁合金等辅料，经过转炉炼钢流程制成粗钢，再经过压延加工流程制成钢材。短流程以废钢为原料，以电力为能源，加入铁合金等辅料，经电弧炉熔融制成粗钢，再经过压延加工流程制成钢材。目前长流程、短流程炼钢的产量比重分别占 90.7% 和 9.3%。

全国粗钢产量创历史新高[1]，增速同比加快。2018年，全国生铁、粗钢、钢材产量分别为7.7亿、9.3亿、11.1亿t，分别同比增长3.0%、6.6%、8.5%，增速较上年分别加快1.2、0.9、7.7个百分点。2010年以来钢铁产品产量及同比增速如图3-3所示。2018年全国和主要省份钢铁产品生产情况见表3-1。

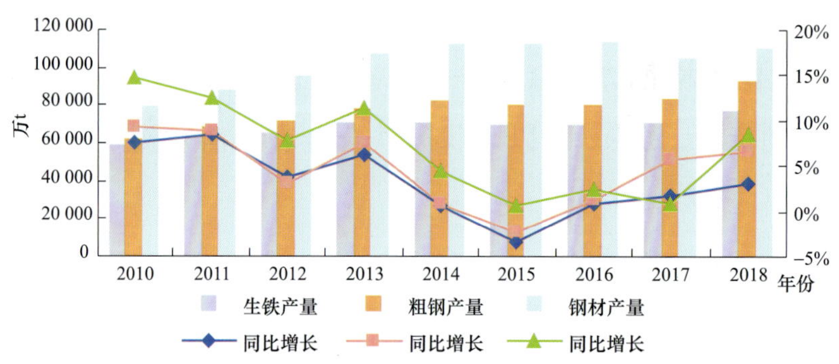

图3-3　2010年以来钢铁产品产量及同比增速

注：2017年因清理地条钢产能，国家统计局对钢材产量统计口径进行调整。

数据来源：国家统计局

表3-1　　2018年全国和主要省份钢铁产品生产情况　　万t，%

地区	生铁			粗钢			钢材		
	产量	同比增长	比重	产量	同比增长	比重	产量	同比增长	比重
全国	77 105	3.0	100	92 826	6.6	100	110 552	8.5	100
河北	21 396	18.9	27.7	23 730	24.1	25.6	26 917	9.6	24.3
江苏	6796	-4.7	8.8	10 426	0.0	11.2	12 147	-1.2	11.0
山东	6457	-1.6	8.4	7177	0.4	7.7	9428	2.4	8.5

[1] 近年来，随着长流程炼钢添加废钢比例提高及短流程炼钢生产比重的提高，我国生铁与粗钢的生产比例（铁钢比）呈逐年下降的趋势，2018年降至0.83左右。降低铁钢比可降低吨钢能耗。此外，由于钢材生产存在重复统计的现象，导致钢材产量远高于粗钢产量。因此，一般用粗钢产量来评估行业生产情况，根据综合成材率计算实际钢材产量。

续表

地区	生铁			粗钢			钢材		
	产量	同比增长	比重	产量	同比增长	比重	产量	同比增长	比重
辽宁	6332	3.4	8.2	6874	7.0	7.4	6899	7.9	6.2
山西	4761	20.5	6.2	5386	21.6	5.8	4903	13.1	4.4

数据来源：国家统计局

粗钢消费增长提速，钢材出口继续显著下滑。2018年，房地产新开工房屋面积、施工面积分别同比增长17.2%、5.2%，增速分别加快10.2、2.2个百分点；基建投资额同比增长3.8%，增速回落15.2个百分点；汽车产量下降4.2%；机械行业稳中趋缓。生铁、粗钢、钢材消费量分别为7.7亿、8.7亿、10.5亿t，分别同比增长3.0%、14.8%、6.4%。2018年，我国累计出口钢材6934万t，同比下降8.1%，连续三年下降；我国进口钢材1317万t，下降1.0%。2010年以来我国钢材表观消费量及同比增速如图3-4所示。

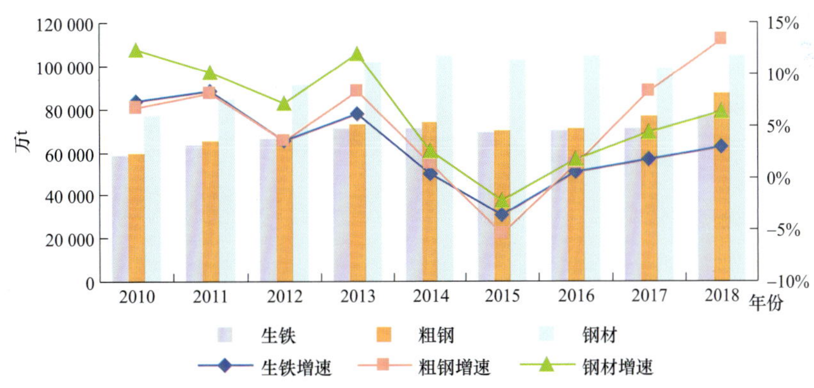

图3-4　2010年以来我国钢材表观消费量及同比增速

注：因统计口径发生变化，2017年表观消费量增速根据当期数据逆推算得。

数据来源：国家统计局

2010年以来我国钢材进出口量及同比增速如图3-5所示。

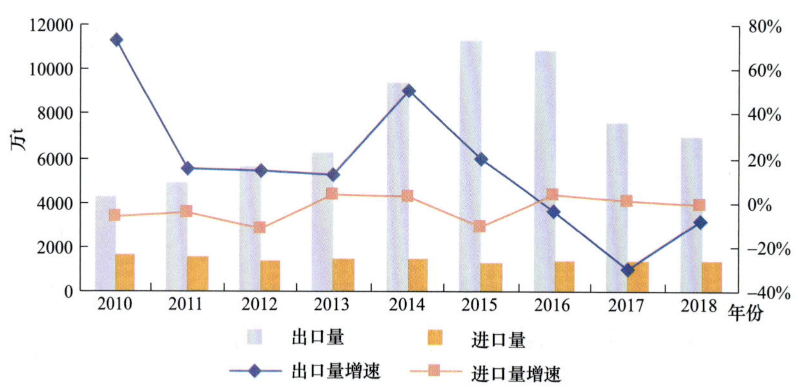

图3-5　2010年以来我国钢材进出口量及同比增速

数据来源：海关总署

钢材价格总体高位运行，行业盈利能力创历史最好水平。2018年，除3、4月份外，螺纹钢价格均保持在4000元/t以上的较高水平运行，11月初涨至4486元/t，创2013年以来的最高价格纪录；除12月外，冷轧板价格均保持在4500元/t以上运行，9月涨至4812元/t，创近年新高。2018年，黑色金属冶炼及压延加工业全年实现利润总额4029亿元，同比增长37.8%。2017年以来我国主要钢材品种价格情况如图3-6所示。

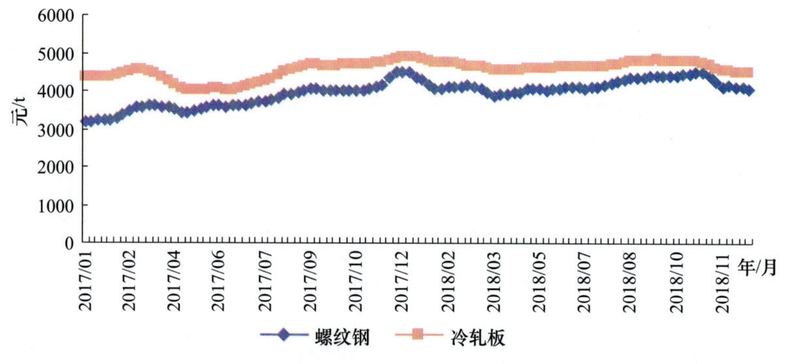

图3-6　2017年以来我国主要钢材品种价格情况

数据来源：商务部

2010年以来黑色金属冶炼及压延加工业利润总额及同比增速如图3-7所示。

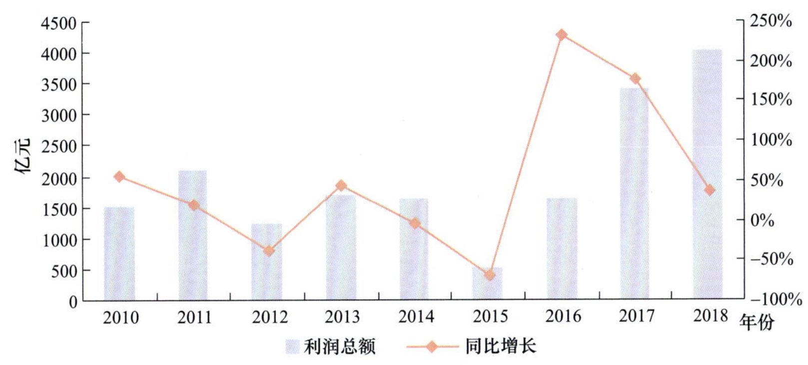

图 3-7　2010 年以来黑色金属冶炼及压延加工业利润总额及同比增速

数据来源：国家统计局

3.1.2　南方五省区铁合金、钢铁行业运行情况

（一）铁合金行业

南方五省区以硅锰合金和镍铁合金为主，产能主要分布在广西、云南和贵州。西部三省区是我国的硅锰合金主产区，产能分别为 837 万、178 万、359 万 t，占全国产能的 23.9％、5.1％、10.3％。广东、广西是我国镍铁合金的重要产地，产能分别为 10.4 万 t 和 29.2 万 t，分别占全国总产能的 16.6％、5.9％。贵州高碳铬铁产能排全国第七位，产能为 98.5 万 t，占全国的比重为 7.4％。南方五省区硅铁产能较少。2018 年南方五省区铁合金产能情况见表 3-2。

表 3-2　　2018 年南方五省区铁合金产能情况　　万 t，％

省份	硅锰		高碳铬铁		镍铁	
	产能	比重	产能	比重	产能	比重
广东	—	—	—	—	125	5.9
广西	837	23.9	—	—	350	16.6
贵州	360	10.3	98.5	7.4	—	—

续表

省份	硅锰		高碳铬铁		镍铁	
	产能	比重	产能	比重	产能	比重
云南	178	5.1	—	—	—	—
全国	3500	100	1328	100	2107	100

数据来源：万得资讯（Wind）、铁合金在线网

南方五省区镍铁开工率较高，硅锰、铬铁开工低于平均水平。2018 年，广东、广西镍铁开工率高于全国 43.6%的平均水平。广西、云南、贵州硅锰合金低于全国 27.0%的平均水平。贵州高碳铬铁行业开工率略低于全国 39.7%的平均水平。2018 年南方五省区铁合金生产情况见表 3-3。

表 3-3　2018 年南方五省区铁合金生产情况　万 t，%

省份	硅锰			高碳铬铁			镍铁		
	产量	开工率	比重	产量	开工率	比重	产量	开工率	比重
广东	—	—	—	—	—	—	67.9	54.3	20.7
广西	119	14.3	12.6	—	—	—	191	54.6	7.4
贵州	48.2	13.4	5.1	34.9	35.4	6.6	—	—	—
云南	28.5	16.0	3.0	—	—	—	—	—	—
全国	945	27.0	100	527	39.7	100	919	43.6	100

数据来源：万得资讯（Wind）

（二）钢铁行业

南方五省区粗钢产量增速低于全国平均水平。南方五省区范围内，广东、广西、云南是钢铁主产区，贵州钢铁产量较少，海南省钢铁产能基本全部退出。2018 年，南方五省区生铁、粗钢、钢材产量分别为 5377 万、7486 万、9724 万 t，分别同比增长 7.0%、5.2%、1.4%，占全国的比重分别为 7.0%、8.1%、8.8%。2018 年南方五省区主要钢铁产品产量及同比增速见表 3-4。

表3-4　　2018年南方五省区主要钢铁产品产量及同比增速　　万t，%

地 区	生 铁			粗 钢			钢 材		
	产量	同比增长	比重	产量	同比增长	比重	产量	同比增长	比重
广东	2016	-0.4	2.6	2881	-0.4	3.1	4338	2.9	3.9
广西	1447	10.4	1.9	2262	-0.1	2.4	2891	-11.6	2.6
云南	1572	18.9	2.0	1925	26.9	2.1	1941	20.7	1.8
贵州	342	-0.5	0.4	418	-4.9	0.5	554	11.8	0.5
合计	5377	7.5	7.0	7486	5.2	8.1	9724	1.4	8.8

数据来源：国家统计局，中经网整理

五省区消费潜力较大，原材料资源不足。广东省钢铁产能不足，“北材南下”现象长期存在，原材料运输优势较大，未来将围绕湛江打造精品钢基地；广西有港口资源，靠近广东钢铁消费市场，材料运输优势较大；云南铁矿资源储备丰富，毗邻我国钢材主要出口目的地——东南亚，未来将整合省内钢铁企业以实现规模化发展；贵州省内产业规模较小，以满足省内需求为主，产业优势不明显。

（一）广东

广东省钢铁产业集中度较高，钢铁产能接近4000万t。2018年，全省粗钢产量在全国产钢省份中排名第9。钢铁企业约34家，其中，宝钢韶钢、宝钢湛江钢铁的粗钢产量合计占全省总产量的比重约44.8%。2016～2018年广东省钢铁行业生产情况见表3-5。

表3-5　　2016～2018年广东省钢铁行业生产情况　　万t，%

分类	2016年			2017年			2018年		
	生铁	粗钢	钢材	生铁	粗钢	钢材	生铁	粗钢	钢材
产量	1670	2283	4113	2024	2891	4214	2016	2881	4338
同比增长	45.7	29.6	25.8	21.2	26.6	2.4	-0.4	-0.4	2.9

数据来源：钢铁工业协会，国家统计局

广东海运和内河航运优势明显，是我国重要的钢铁消费区域。广东省钢铁产业所需的铁矿石基本依赖进口。广东省拥有丰富的港口资源，有利于沿海布局钢铁产业。珠三角是我国先进制造业基地，钢材消费量位居全国前列，广东省钢铁产量供不应求，大量钢材需从省外调入或进口。

钢铁企业通过市场化交易降低企业电力成本。广州电力交易中心的成立，为跨区跨省市场化电力交易搭建了平台。钢铁企业通过市场化电力交易，降低了企业生产的电力成本。2018 年，广东钢铁企业用电价格为 0.45～0.60 元/kWh。

（二）广西

广西产业基础较好，省内有多家具有较强市场竞争力的钢铁企业。2018 年，全区粗钢产量在全国所有产钢省份中排名第 14。其中，柳州钢铁的粗钢产量占全省总产量的 59.8%。2016～2018 年广西钢铁行业生产情况见表 3 - 6。

表 3 - 6　2016～2018 年广西钢铁行业生产情况　万 t，%

分类	2016 年			2017 年			2018 年		
	生铁	粗钢	钢材	生铁	粗钢	钢材	生铁	粗钢	钢材
产量	1216	2110	3645	1311	2265	3271	1447	2262	2891
同比增长	-0.3	-1.7	2.8	7.7	7.4	-10.3	10.4	-0.1	-11.6

数据来源：钢铁工业协会

区位优势明显。广西毗邻广东、东南亚等钢材消费地。广东省钢铁缺口 2000 多万 t，东南亚是我国最主要的钢材出口区域，2018 年，我国向东南亚七国出口钢材 2337 万 t，占钢材出口总量的 33.7%。

钢铁行业用电电价处于行业中游水平。2018 年，区内钢铁企业用电价格在 0.50～0.60 元/kWh，较上年下降 0.02 元/kW。广西钢铁行业电价优势不明显。

（三）云南

云南钢铁产业集中度不断提高。2015 年，越钢集团、双友钢铁、呈钢集

团、巨利达等七家钢企整合成曲靖钢铁集团，产能超过500万t；2017年，玉昆钢铁、汇溪金属、福玉钢铁三家整合成钢铁联合体，产能超过600万t，成为省内最大的民营钢企。2018年，粗钢产量在全国各省份中排名第17位。其中，昆明钢铁、玉溪钢铁集团玉昆、仙福的粗钢产量分别占全省粗钢产量的69.1%。2016～2018年云南省钢铁行业生产情况见表3-7。

表3-7　　2016～2018年云南省钢铁行业生产情况　　万t，%

分类	2016年			2017年			2018年		
	生铁	粗钢	钢材	生铁	粗钢	钢材	生铁	粗钢	钢材
产量	1277	1417	1655	1322	1518	1607	1572	1925	1941
同比增长	3.4	-0.1	-2.4	3.5	7.1	-2.9	18.9	26.9	20.7

数据来源：钢铁工业协会

铁矿石资源丰富，电价优势明显。云南省铁矿资源主要分布在思茅、玉溪、昆明等地区，保有铁矿储量约21.9亿t，位居全国第七。其中，富铁矿3.3亿t，占全国富铁矿储量的24.7%，位居全国之首。2018年，云南省内主要钢铁企业用电价格为0.30～0.35元/kWh，在五省区处于较低水平。

（四）贵州

贵州钢铁产能规模较小。2018年，贵州省粗钢产量在全国产钢省市中排名第26位。其中，首钢水城钢铁粗钢产量占全省总产量的比重高达87.0%。2016～2018年贵州省钢铁行业生产情况见表3-8。

表3-8　　2016～2018年贵州省钢铁行业生产情况　　万t，%

分类	2016年			2017年			2018年		
	生铁	粗钢	钢材	生铁	粗钢	钢材	生铁	粗钢	钢材
产量	371	516	526	344	440	496	342	418	554
同比增长	-8.9	10.6	13.6	-7.4	-14.7	-5.8	-0.5	-4.9	11.8

数据来源：钢铁工业协会

依托能源基地集聚发展，用电价格不具备优势。贵州省钢铁产业主要集中在六盘水市。六盘水市煤炭资源和焦炭资源丰富（焦炭是钢铁冶炼最主要原燃料），为钢铁产业发展提供了充足的原燃料资源保障。目前，贵州省冬季电煤紧张状况有所缓解，80%的大工业用电量进入电力市场。2018年，贵州典型钢企用电价格为0.55～0.60元/kWh。

3.2 行业发展

3.2.1 行业政策及影响

（一）全国行业政策

防范“地条钢”死灰复燃，推动跨区域产能置换。2018年以来，去产能部级联席会议的各部委展开多次全国性去产能、安全、环保等督查工作，对“地条钢”持续严查严防严打。根据工信部《产业转移指导目录（2018年本）》，有19个省市涉及到钢铁产业调整。其中，北京、上海、山东和海南等9省市将不再承接炼钢、炼铁产业。广东省广州、东莞等9市的相关炼钢、炼铁产能将逐步引导退出。

推动钢铁行业超低排放改造和实施错峰生产，成为打赢蓝天保卫战的重点工作之一。2018年5月，生态环境部就《钢铁企业超低排放改造工作方案》征求意见。重点推进粗钢产能200万t及以上的钢铁企业实施超低排放改造，力争2020、2022年和2025年年底前完成钢铁产能改造任务4.8亿、5.8亿、9亿t。

政府可能出台有利于短流程炼钢的电价政策。由于目前70%以上的电弧炉容量小、设备老旧，被列入限制类设备，需执行差别电价。为鼓励短流程炼钢发展，2019年9月，工信部等部委发布《引导电弧炉短流程炼钢发展的指导意见（征求意见稿）》提出，将落实有关清理电价附加收费政策，降低电弧炉炼钢用电成本。鼓励地方政府先行先试，推动大用户跨区域直购电；在煤电资源丰富地区，推动煤电钢联营；在西南等水电丰富地区，积极开展水电和短流程

钢厂专线供电试点。

（二）南方五省区行业政策

广东将优先发展高端钢铁产业。广东钢铁产业的发展重点为优化钢铁产业布局，提高产业集中度；优化产品结构。将优先发展高端汽车、造船、航空用高品质钢材以及模具钢、工具钢、高温合金、高性能不锈钢等特殊钢材产业。

广西将重点发展钢铁产业集群。根据《广西工业高质量发展行动计划（2018～2020年）》，广西将重点打造建筑用钢产业链、汽车用钢产业链、船舶用钢产业链、不锈钢新材料产业链及防城港千万t级精品钢基地。到2025年，全区供需结构趋于平衡，力争本地市场占有率超过90%，钢铁本地深加工转化比例超过25%，形成“一核、三带、九基地”总体布局。

云南重点深化钢企兼并重组，适度发展短流程炼钢。根据《云南省原材料工业“十三五”发展规划》，云南省钢铁产业政策：一是深化钢铁企业集团兼并重组，调整生产力布局；二是以建筑钢材、多元化材料为重点，适度发展短流程炼钢。加快发展不锈钢及不锈钢复合材，推进高强钢、抗震结构用钢发展和钒钛资源综合利用；三是提高锰产业精深加工比例，优化整合锰铁合金产业。

贵州支持承接钢铁产能转移。根据《贵州省十大千亿级工业产业振兴行动方案》，未来钢铁产业发展方向主要有：一是提升钢铁整体规模实力。支持具备发展条件的地区和企业通过多种方式转入钢铁产能指标；二是调整优化产品结构。提高产品的技术含量和附加值，努力提升钢铁、钛材、工业硅、锰精深加工产品的质量和档次。

3.2.2 全国钢铁供需形势预测

钢材消费进入平台区。建筑、机械和汽车行业需求增长放缓，投资对钢铁产业的拉动减弱，第二产业对钢材的消费量继续下降。中美贸易摩擦持续，钢铁产品出口压力较大。我国钢材消费基本接近峰值区间。预计 2019 年我国钢材表观消费量约 11.0 亿 t，同比增长约 5.2%；扣除重复统计，实际钢材消费量约 8.5 亿 t，同比增长约 3.2%。2019～2020 年，钢材表观消费量年均增速在 2%～4%左右。2019～2020 年主要下游行业钢材需求预测见表 3-9。

表 3-9　　2019～2020 年主要下游行业钢材需求预测

行业	2018 年		2019E		2020E	
	消费量（万 t）	同比增长（%）	消费量（万 t）	同比增长（%）	消费量（万 t）	同比增长（%）
建筑	43 000	11.1	44 700	4	45 800	2.5
机械	14 000	2.9	14 200	1.4	14 400	1.4
汽车	5600	−3.4	5550	−0.9	5500	−0.9
能源	3300	0.0	3250	−1.5	3250	0
造船	1200	−14.3	1250	4.1	1280	2.5
家电	1250	4.2	1260	0.8	1270	1
实际消费量	82 000	12.6	84 600	3.2	86 800	2.6
表观消费量	105 000	6.4	110 000	5.2	113 000	2.3

注：各下游行业钢材消费量为扣除重复统计钢材量。数据来源：冶金工业规划研究院

全国钢铁产能基本保持稳定，产量低速增长。截至 2018 年年底，我国粗钢基本完成“十三五”去产能任务，钢铁行业进入“提质减量”发展阶段。预计 2019～2020 年，国内粗钢产量年均增幅在 2.2%左右，2020 年我国粗钢产能利用率升至 90%，回归至合理区间。

3.2.3 南方五省区铁合金、钢铁产量预测

南方五省区铁合金将小幅增长。宁夏部分铁合金产能关停，南方五省区铁合金企业短期将受益；印尼将于 2020 年起限制红土矿出口，部分企业将镍铁产能转移至国外。综合考虑环保政策、电力成本、原材料资源、产能转移等因

素，五省区铁合金行业产量近期将小幅增长。2019～2020年南方五省区铁合金产量预测见表3-10。

表3-10　2019～2020年南方五省区铁合金产量预测　万t，%

省　份	项目	2018年	2019E	2020E
广东	产量	62.9	69.8	73.7
	同比增长	-18.5	10.9	5.6
广西	产量	206	218	225
	同比增长	-4.5	5.8	2.8
云南	产量	75.1	66.5	70.0
	同比增长	-5.0	-11.4	5.2
贵州	产量	155	153	149
	同比增长	-25.2	-1.1	-2.5
南方五省区	产量	499	508	517
	同比增长	-13.8	1.7	1.9

南方五省区钢铁产能置换以省内为主，产能基本保持稳定。南方五省区范围内，2017～2019年上半年产能置换项目共20个，拟退出炼铁产能3934万t、炼钢产能5594万t，拟新建炼铁产能3916万t、炼钢产能5600万t。其中，5个项目为外购其他省份的产能指标，外购炼铁产能553万t、炼钢产能608万t，与压减产能基本抵消（炼铁产能净减少17万t、炼钢产能净增5.3万t）。

产能置换项目集中在广东、广西、云南三省。其中，广东产能置换项目3个，净增炼铁产能402万t、净增炼钢产能411万t；广西产能置换项目7个，净减少炼铁产能163万t，净增炼钢产能105万t；云南产能置换项目数量为10个，净减少炼铁产能256万t、炼钢产能510万t。2019～2023年南方五省区钢铁项目建设情况见表3-11。

表3-11　　2019～2023年南方五省区钢铁项目建设情况

省份	拟建成时间	本省拟退出产能		外购产能		拟建设产能	
		炼铁产能（万t）	炼钢产能（万t）	炼铁产能（万t）	炼钢产能（万t）	炼铁产能（万t）	炼钢产能（万t）
广东	2020	—	92	—	—	—	—90
	2021	—	—	403	413	402	412.5
广西	2019	1675	2460	150	100	1512	2470
	2021	—	—	—	95	—	95
云南	2019	—	120	—	—	—	100
	2020	275	367	—	—	274	349
	2023	1984	2555	—	—	1728	2083
合计		3934	5594	553	608	3916	5600

数据来源：各省区政府工业和信息化厅　净增产能＝拟建设产能－本省拟退出产能

南方五省区钢铁产量增幅快于全国水平。预计2019～2020年，五省区粗钢产量年均增长3%～5%左右。其中，广东随着湛江项目二期高炉达产，粗钢产量保持较快增长，增速在8%～10%；广西粗钢产能指标整合对短期粗钢生产有一定影响，但广西未来将打造十大制造业产业集群，为钢材需求提供支撑，钢材产量有所恢复；云南省制造业投资增长较快，未来几年对钢材需求旺盛；贵州工业产业振兴行动将为经济发展注入活力，钢铁生产有望恢复增。2019～2020年全国及南方五省区粗钢产量预测见表3-12。

表3-12　　2019～2020年全国及南方五省区粗钢产量预测　　万t，%

省　份	项　目	2018年	2019E	2020E
广东	产量	2881	3140	3329
	同比增长	－0.4	9	6
广西	产量	2262	2081	2133
	同比增长	－0.1	－8	2.5

续表

省份	项目	2018年	2019E	2020E
云南	产量	1925	2118	2160
	同比增长	26.9	10	2
贵州	产量	418	422	435
	同比增长	-4.9	1	3
南方五省区	产量	7486	7761	8057
	同比增长	5.2	3.7	3.8

数据来源：国家统计局

3.3 南方五省区铁合金、钢铁行业与电力的关系

3.3.1 行业生产电耗

铁合金单位产品电耗较高，需要丰富而价廉的电力资源。铁合金主要采用电炉法进行生产，电炉法铁合金产量占全部铁合金产量的70%以上。根据中国钢铁协会统计数据，我国硅铁、硅锰、高碳铬铁、镍铁冶炼电耗分别为7700、4060、3898、4600kWh/t。

钢铁行业单位产品电耗相对不高。钢铁行业生产流程特殊、产品多样和工艺复杂，不同企业之间产品电耗存在较大差异。据中国钢铁协会统计，2018年，列入统计范围的大中型钢铁企业吨钢电耗，最低为167kWh/t，最高为858kWh/t，平均电耗为452kWh/t，同比提高0.8%。从钢铁冶炼流程来看，热轧、冷轧、镀层等钢压延加工工序是钢铁行业生产最主要的耗电流程。我国主要钢铁生产流程及产品冶炼电耗见表3-13。

表 3-13　我国主要钢铁生产流程及产品冶炼电耗

主要钢铁冶炼工序	冶炼电耗 (kWh/t)	主要钢铁品种	冶炼电耗 (kWh/t)	主要铁合金品种	冶炼电耗 (kWh/t)
烧结	45.3	生铁	140	硅铁	7700
造球	35.9	粗钢	189	锰硅合金	4060
炼铁	58.4	螺纹钢	278	高碳铬铁	3898
转炉	49.2	冷轧板	420	硅铬合金	4666
热轧	89.1	重点钢企平均电耗	452	镍铁合金	4600
冷轧	142	短流程电炉炼钢	335		
镀层	103				
涂层	62.7				

数据来源：钢铁工业协会，《2018 年中国钢铁工业年鉴》

西部三省区重点企业吨钢电耗持续下降。2018 年，广西柳钢、云南昆钢、贵州水钢的吨钢电耗分别为 460、408、447kWh/t，同比分别下降 0.75%、3.5%、1.8%；广东韶钢吨钢电耗为 337kWh/t。南方五省区重点企业吨钢电耗情况见表 3-14。

表 3-14　南方五省区重点企业吨钢电耗情况　kWh/t，%

年份	广东韶钢		广西柳钢		云南昆钢		贵州水钢		重点钢厂平均
	电耗	同比增长	电耗	同比增长	电耗	同比增长	电耗	同比增长	
2015	383	9.5	494	-1.8	504	4.4	458	12.4	472
2016	362	-5.5	491	-0.6	475	-5.8	457	-0.3	468
2017	323	-10.9	463	-5.6	422	-11.1	455	-0.4	448
2018	337	4.5	460	-0.8	408	-3.5	447	-1.8	452

数据来源：中国钢铁工业协会

3.3.2　行业用电价格及电力成本分析

云南电价相对低廉，广西、贵州电价处于中游水平。从全国范围来看，

西部地区铁合金企业用电价格较低，沿海地区电价较高。其中，新疆电价最低，不到0.3元/kWh；云南、四川等省份电价为0.35～0.39元/kWh；山东、广西电价为0.42～0.46元/kWh。我国铁合金主产区电价情况见表3-15。

表3-15　我国铁合金主产区电价情况　元/kWh

排名	省份	电价	排名	省份	电价
1	新疆	0.28	8	甘肃	0.39
2	青海	0.35	9	山东	0.42
3	内蒙古	0.36	10	广西	0.46
4	陕西	0.36	11	贵州	0.5
5	云南	0.37	12	湖南	0.51
6	四川	0.37	13	福建	0.56
7	宁夏	0.38	14	江苏	0.57

数据来源：中国铁合金在线

电力成本是铁合金生产的主要成本之一。硅铁合金中电力成本占比超过70%，硅锰、镍铁、高碳铬铁的电力成本约为20%～30%。按2018年平均价格进行测算，电力成本占硅铁合金成本的71%，占硅锰、镍铁、高碳铬铁成本的30.9%、23.8%、21.5%[❶]。2018年主要铁合金产品成本测算见表3-16。

表3-16　2018年主要铁合金产品成本测算

		硅锰	镍铁	高碳铬铁	硅铁
总生产成本（元/t）		7438	10 450	7774	5634
矿石原材料	锰矿（%）	49.1	—	—	—
	1.6%红土镍矿（%）	—	35.4	—	—
	铬矿（%）	—	—	47.3	—
	硅土矿（%）	—	—	—	4.2

❶ 计算时假定电价0.5元/kWh，取锰矿价格2150元/t、铬铁矿1670元/t、红土矿420元/t、硅石130元/t、冶金焦2165元/t。部分省份电价更低，电力成本占比将低于报告计算值。

续表

	硅锰	镍铁	高碳铬铁	硅铁
电力（%）	30.9	21.5	23.8	71.0
冶金焦（%）	14.6	9.9	10.9	12.4
其他（%）	5.4	33.2	18.0	12.4

电力成本对钢铁行业生产影响较小。含铁原料费用是钢铁行业的最主要成本，电力成本占比为 4%～10%。按 2018 年平均价格❶进行测算，冶金焦、铁矿石占粗钢成本的比重分别为 35%、26%。按电价 0.5 元/kWh 进行计算，在不同电耗水平下，钢铁企业的螺纹钢电力成本为 5%～10%；热轧板电力成本为 5%～10%；冷轧板、中厚板电力成本为 4%～8%。2018 年不同吨钢电耗情境下各钢铁产品的成本测算见表 3-17。

表 3-17　2018 年不同吨钢电耗情境下各钢铁产品的成本测算

		生铁	粗钢	螺纹钢	热轧板	冷轧板	中厚板
总生产成本（元/t）		1877	2642	2792	2942	3042	3592
铁矿石（%）		38	26	25	23	23	19
冶金焦（%）		52	35	34	32	31	26
废钢（%）		—	14	13	12	12	10
电力（%）	300kWh/t	8.0	5.4	5.1	4.9	4.2	4.2
	400kWh/t	—	7.2	6.8	6.6	5.6	5.6
	500kWh/t	—	—	8.5	8.2	7.0	7.0
	600kWh/t	—	—	—	9.9	8.4	8.3

数据来源：中国钢铁工业协会

❶ 取铁矿石价格 447 元/t、冶金焦 2165 元/t、废钢 2431 元/t 进行计算。

3.4　南方五省区铁合金、钢铁行业电力消费

3.4.1　行业用电现状

五省区铁合金行业用电量同比增长12.9%，广西、云南行业用电保持高速增长。2018年，南方五省区铁合金行业用电246亿kWh，同比增长12.9%，较2017年放缓0.2个百分点。其中，广东、广西、云南、贵州铁合金行业用电量分别为31.1亿、102亿、37.1亿、76.4亿kWh，分别同比增长6.9%、25.0%、24.5%和 1.9%，贵州铁合金行业用电量在2016年到达峰值后，连续第二年下滑。2015～2018年全国及南方五省区铁合金行业用电情况见表3-18。

表3-18　2015～2018年全国及南方五省区铁合金行业用电情况　亿kWh，%

分地区	项目	2015年	2016年	2017年	2018年
全国	用电量	1130	1074	1240	1544
	同比增长	-10.4	-5	15.5	24.4
南方五省区	用电量	184	191	218	246
	同比增长	-15.2	3.8	13.1	12.9
广东	用电量	28.6	28.1	29.1	31.1
	同比增长	3.9	-1.7	5.4	6.9
广西	用电量	82.1	66	81.5	102
	同比增长	-15.2	-19.6	19.2	25
云南	用电量	16	15.8	29.8	37.1
	同比增长	-48.5	-0.9	88.4	24.5
贵州	用电量	57.7	81.4	77.9	76.4
	同比增长	-7.1	41	-4.2	-1.9

数据来源：中国电力企业联合会

南方五省区钢铁行业用电量同比增长 21.5%，广东、广西和云南钢铁行业用电高速增长。2018 年，南方五省区钢铁行业用电 365 亿 kWh，同比增长 21.5%。其中，广东、广西、云南、贵州钢铁行业用电量分别为 148 亿、106 亿、89.1 亿、22.6 亿 kWh，分别同比提高 22.6%、12.8%、42.4%和－4.7%。云南钢铁行业用电高速增长，主要原因是玉昆、汇溪、福玉等组建钢铁联合体，协同效应显现。贵州粗钢产量下滑，导致行业用电量小幅下降。2015～2018 年全国及南方五省区钢铁行业用电情况见表 3－19。

表 3－19　2015～2018 年全国及南方五省区钢铁行业用电情况　亿 kWh，%

分地区	项目	2015 年	2016 年	2017 年	2018 年
全国	用电量	3927	3809	3725	3877
	同比增长	－9	－3	－2.2	4.1
南方五省区	用电量	283	298	301	365
	同比增长	－10.6	5.3	0.9	21.5
广东	用电量	86.1	108	121	148
	同比增长	－4.1	25	11.6	22.6
广西	用电量	105	99.4	93.9	106
	同比增长	－4.1	－5.2	－5.5	12.8
云南	用电量	69.3	66.8	62.6	89.1
	同比增长	－21.8	－3.6	－6.3	42.4
贵州	用电量	22.8	24.3	23.7	22.6
	同比增长	－21.3	6.7	－2.4	－4.7

数据来源：中国电力企业联合会，中国钢铁协会

3.4.2　行业用电预测

南方五省区铁合金行业用电量小幅增长。预计 2020 年，五省区铁合金行业用电量约为 254 亿 kWh，与 2018 年相比行业用电增长 7.7 亿 kWh，同比增长

3.1%。其中，广东、广西行业用电量增长 5.0 亿、8.3 亿 kWh，云南和贵州行业用电量下降 2.8 亿、3.4 亿 kWh。2019～2020 年南方五省区铁合金行业用电量预测见表 3-20。

表 3-20　2019～2020 年南方五省区铁合金行业用电量预测　亿 kWh，%

分地区	项目	2018 年	2019E	2020E
南方五省区	用电量	246	249	254
	同比增长	12.9	1.2	2.0
广东	用电量	31.1	34.2	36.1
	同比增长	6.9	10.0	5.5
广西	用电量	102	107	110
	同比增长	25	5.0	3.0
云南	用电量	37.1	32.6	34.3
	同比增长	24.5	-12.0	5.0
贵州	用电量	76.4	74.9	73.0
	同比增长	-1.9	-2.0	-2.5

南方五省区钢铁行业用电量平稳增长。综合考虑吨钢电耗及各省钢铁生产情况，预计 2020 年，五省区钢铁行业用电量约为 419 亿 kWh，与 2018 年相比行业用电量增长 53 亿 kWh、14.6%。其中，广东、广西和云南分别增加 22.0 亿、23.6 亿 kWh 和 7.7 亿 kWh。

2019～2020 年南方五省区钢铁行业用电量预测见表 3-21。

表 3-21　2019～2020 年南方五省区钢铁行业用电量预测　亿 kWh，%

分地区	项目	2018 年	2019E	2020E
南方五省区	用电量	365	399	419
	同比增长	-1.8	9.1	5.1

续表

分地区	项目	2018 年	2019E	2020E
广东	用电量	148	161	170
	同比增长	22.6	8.8	5.6
广西	用电量	106	120.3	129.6
	同比增长	12.8	13.5	7.7
云南	用电量	89.1	95.3	96.8
	同比增长	42.4	6.9	1.5
贵州	用电量	22.6	22.4	22.8
	同比增长	-4.7	-1.0	2.0

第 4 章

非金属行业

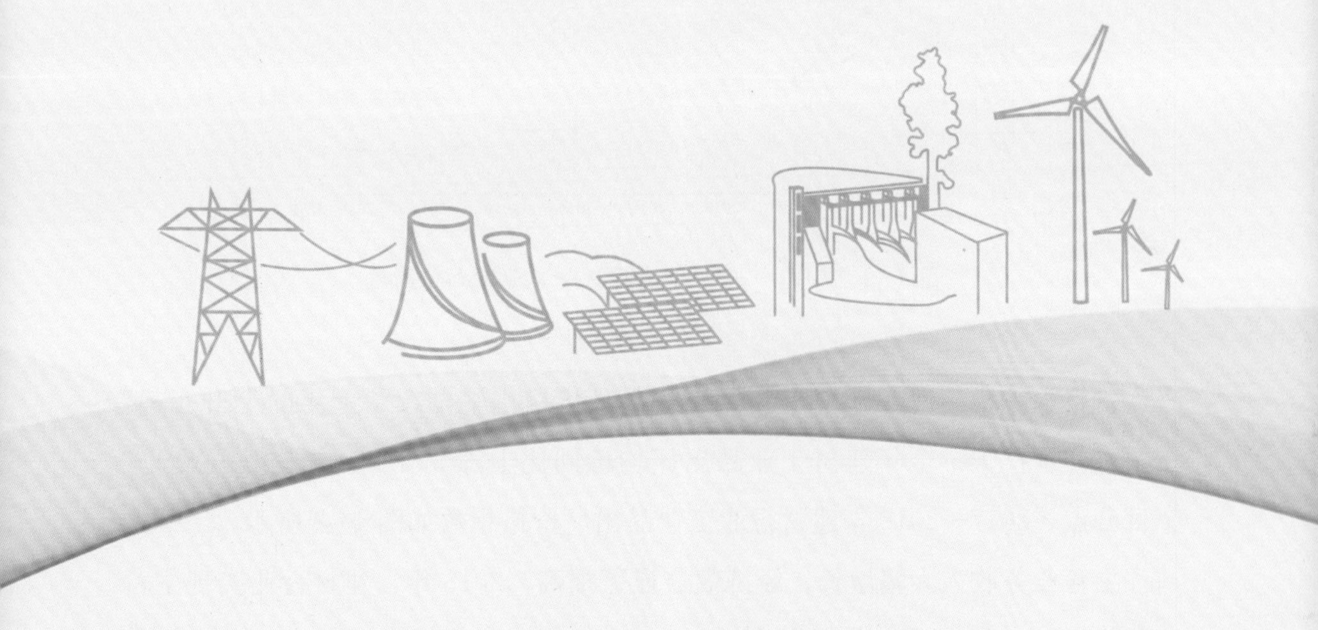

4.1 行业现状

4.1.1 全国非金属行业整体情况

生产保持适度增长。2018 年，建材行业工业增加值同比增长 4.6%，较上年提高 0.9 个百分点。主要产品产量保持增长，其中，水泥产量 21.8 亿 t，同比增长 3%，平板玻璃产量 8.7 亿重量箱，同比增长 2.1%。2010～2018 年建材行业工业增加值增速如图 4-1 所示。

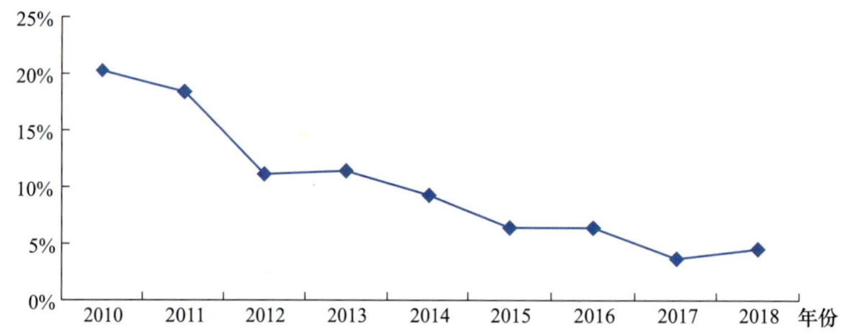

图 4-1　2010～2018 年建材行业工业增加值增速

数据来源：国家统计局

价格水平稳步回升。2018 年，建材产品价格水平延续了上年的上升态势，增幅进一步扩大。全年建材工业品出厂均价同比上涨 9.8%，比上年扩大 1.7 个百分点。2017～2018 年建材行业工业品出厂价格指数如图 4-2 所示。

主营业务收入大幅增长，经济效益显著提高。2018 年，建材行业实现主营业务收入 48 446 亿元，同比增长 15.2%，增速较上年提高 5.9 个百分点。其中，水泥主营业务收入 8823 亿元，同比增长 25%；平板玻璃主营业务收入 761 亿元，同比增长 7.2%。2018 年，建材工业结构持续优化，行业经济效益明显提升。全年建材行业实现利润总额 4288 亿元，同比增长 43.0%，增速较上年提高 22.5 个百分点。2010～2018 年建材行业主营业务收入、利润总额及同比

增长如图 4-3、图 4-4 所示。

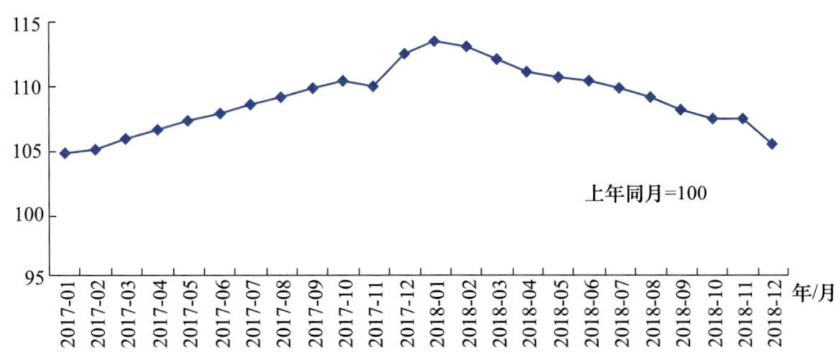

图 4-2 2017～2018 年建材行业工业品出厂价格指数

数据来源：国家统计局

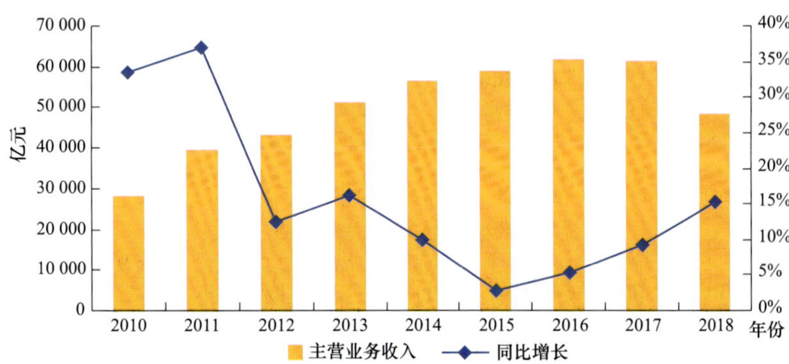

图 4-3 2010～2018 年建材行业主营业务收入及同比增长

数据来源：国家统计局

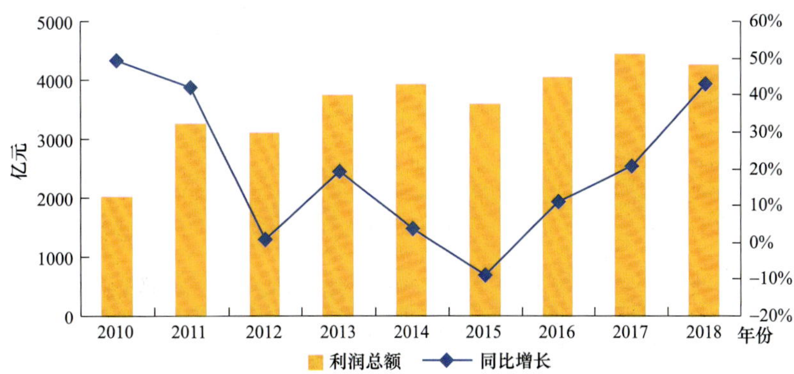

图 4-4 2010～2018 年建材行业利润总额及同比增长

注：2011 年为 1～11 月数据。数据来源：国家统计局

进出口额增速实现扭负为正。2018 年，国内建材产品价格较高，部分企业为了寻求利润，加大了进口力度。上半年建材出口贸易状况有所改善，下半年出口贸易增长放缓。全年建材进口额为 204 亿美元，同比增长 13.5%；出口额为 459 亿美元，同比增长 7%。2010～2018 年我国建材进出口额及同比增长如图 4-5 所示。

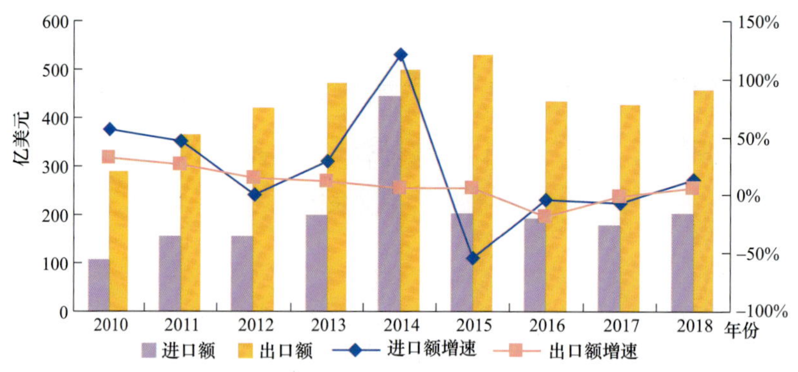

图 4-5　2010～2018 年我国建材进出口额及同比增长

数据来源：国家统计局

固定资产投资实现较大增长。2018 年，建材行业固定资产投资同比增长 19.7%，较上年同期大幅提高 18.1 个百分点，较同期制造业投资增速高出 10.2 个百分点。投资增长主要来源于技术改造及环保领域，新建扩能项目投资占比较少。2010～2018 年建材行业固定资产投资额及同比增长如图 4-6 所示。

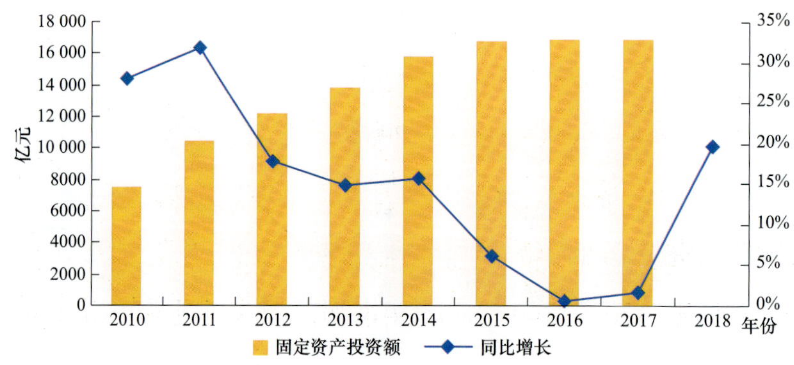

图 4-6　2010～2018 年建材行业固定资产投资额及同比增长

数据来源：国家统计局

4.1.2 全国水泥行业运行情况

水泥是一种重要的建筑材料，广泛应用于土木建筑、水利、国防等工程。水泥行业是典型的投资拉动型行业，其需求受基建、房地产投资的波动影响较为显著。水泥量重价低、不易储存的特性，导致其生产和销售具有明显区域性特征。

产能得到有效控制。2018年，全国新点火水泥熟料生产线合计14条（全部为省内或跨省产能置换项目），熟料设计产能为2043万t，与2017年基本持平。分区域看，新点火产能中，贵州相对较多，为3条，年产440万t。截至2018年年底，全国新型干法水泥生产线累计1681条，设计熟料产能维持在18.2亿t，产能总量与2017年相当，实际熟料产能依旧超过20亿t。2010～2018年新型干法水泥熟料产能及同比增长如图4-7所示。

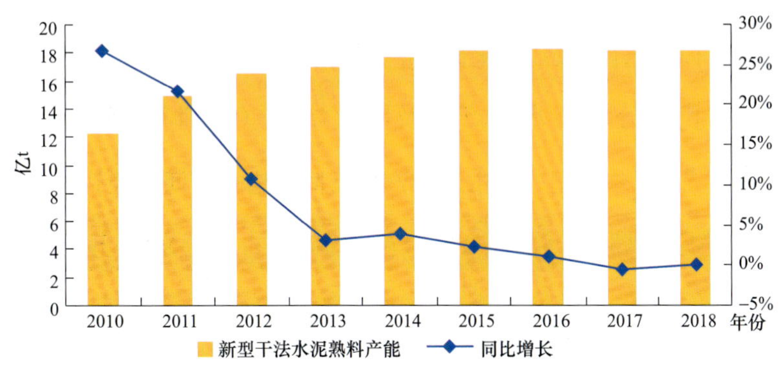

图4-7 2010～2018年新型干法水泥熟料产能及同比增长

数据来源：中国水泥协会

全国水泥产量同口径适度增长[1]。2018年，受节能减排、错峰生产、矿山综合整治等环保政策实施的影响，全年水泥产量为21.8亿t，以国家统计局同口径计算，同比增长3%。2010～2018年水泥产量及同比增长如图4-8所示。

[1] 同口径指本次的统计方法与统计范围与上一次完全相同。

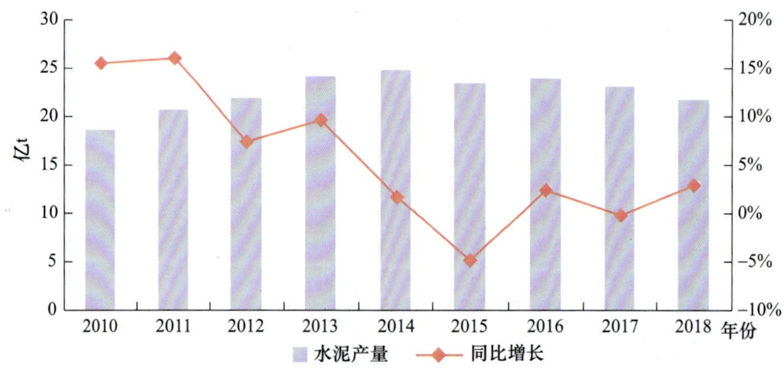

图 4-8　2010～2018 年水泥产量及同比增长

数据来源：国家统计局

水泥产量增长呈现南高北低态势。全国范围内有十个省份同比负增长，新疆、宁夏、黑龙江、吉林下滑超过两位数。南方五省区中，广东、广西、云南、贵州、海南水泥产量分别为 15 989 万、11 744 万、11 799 万、11 032 万、2104 万 t，以同口径计算，同比增速分别为 5.6%、6.3%、5.9%、4.8%、11.8%。2018 年我国分省市水泥产量及同比增长（同口径）见表 4-1。

表 4-1　2018 年我国分省市水泥产量及同比增长（同口径）　万 t，%

省市	水泥产量	同比增长	省市	水泥产量	同比增长
全国	217 667	3.0	河南	10 965	5.2
北京	397	11.5	湖北	10 690	0.6
天津	619	53.4	湖南	10 921	-1.3
河北	8936	8.0	广东	15 989	5.6
山西	4127	15.7	广西	11 744	6.3
内蒙古	2905	-5.0	海南	2104	11.8
辽宁	3990	6.2	重庆	6578	6.9
吉林	1334	-16.6	四川	13 749	6.2

续表

省市	水泥产量	同比增长	省市	水泥产量	同比增长
黑龙江	1888	-17.5	贵州	11 032	4.8
上海	409	-1.6	云南	11 798	5.9
江苏	14 692	-2.5	西藏	913	42.2
浙江	12 248	12.4	陕西	6271	0.0
安徽	13 028	1.8	甘肃	3847	-4.0
福建	8783	7.6	青海	1348	0.1
江西	8814	4.7	宁夏	1726	-20.3
山东	12 280	-0.7	新疆	3542	-20.3

数据来源：国家统计局

水泥需求总体稳定。2018 年，基建投资增速出现失速下行，由年初的 16.1%降至 12 月的 3.8%；房地产调控政策空前加强，但房地产投资增速仍维持在 9.5%左右的较高水平；精准扶贫被列为第二大攻坚战，农村水泥需求增强。总体来看，水泥需求仍保持平稳增长，水泥销售量为 21.7 亿 t，水泥产销率高达 99.9%。2010～2018 年水泥销售量及同比增长如图 4-9 所示。

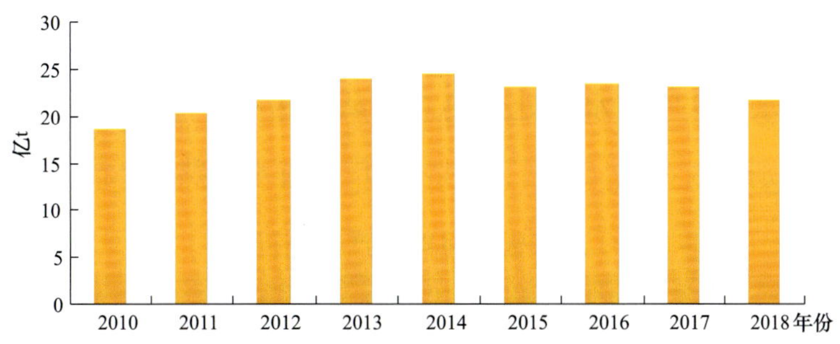

图 4-9 2010～2018 年水泥销售量及同比增长

注：销售量增速不发布。

数据来源：国家统计局

水泥价格持续高位运行。2018 年，水泥价格一路上扬，创历史新高。全年水泥均价同比大幅增长27.2%：其中，前三季度整体表现为高位稳定，大都处于400～430元/t，四季度明显上扬，12月全国均价达到492元/t。2017～2018年全国市场P.O 42.5散装水泥平均价格如图4-10所示。

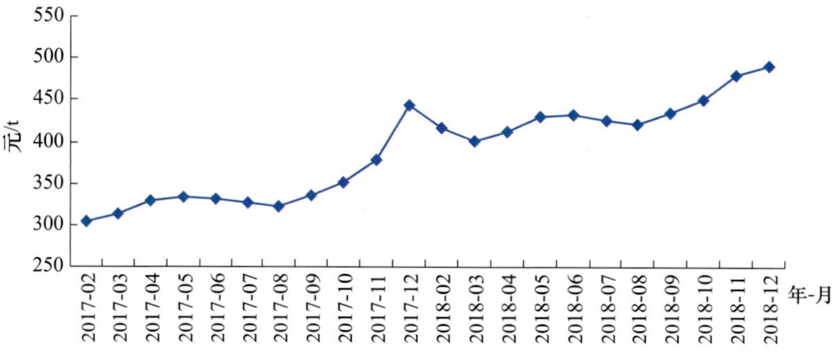

图4-10　2017～2018年全国市场P.O 42.5散装水泥平均价格

数据来源：中国建筑材料联合会

4.1.3　南方五省区水泥行业运行情况

（一）广东

广东水泥熟料产能位居南方五省区首位。截至2018年年底，广东省水泥熟料产能合计为10 103万t。华润水泥、海螺水泥、台泥水泥处于第一梯队，熟料产能分别为1814万、1752万、1209万t，占比分别为18.0%、17.3%、12.0%。塔牌水泥、光大水泥、中材水泥处于第二梯队，熟料产能分别为853万、620万、620万t，占比分别为8.4%、6.1%、6.1%。广东省水泥熟料产能排行见表4-2。

表4-2　　广东省水泥熟料产能排行

排名	企　业	熟料年产能（万t）	占比（%）
1	华润水泥	1814	18.0
2	海螺水泥	1752	17.3
3	台泥水泥	1209	12.0
4	塔牌集团	853	8.4

续表

排名	企　业	熟料年产能（万 t）	占比（%）
5	光大水泥	620	6.1
6	中材水泥	620	6.1
7	鸿丰水泥	310	3.1
8	油坑建材	310	3.1
9	英坭集团	233	2.3
其他水泥企业		2384	23.6
熟料年产能合计		10 103	—

数据来源：中国水泥网

打造先进无机非金属材料产业基地。根据《产业转移指导目录（2018 年本）》，广东优先承接发展的产业包含节能玻璃、安全玻璃、建筑卫生陶瓷制品、高岭土产品等，着力打造以广州、深圳、佛山、东莞、肇庆、茂名等市为重点的先进无机非金属材料产业基地。

（二）广西

广西水泥熟料集中度相对较高。截至 2018 年年底，广西水泥熟料产能合计为 8103 万 t，前三家主导企业分别为华润水泥、海螺水泥、台泥水泥，熟料产能分别为 2657 万、1597 万、744 万 t，占比分别为 32.8%、19.7%、9.2%，熟料集中度在 61.7%，处于全国较好水平。广西水泥熟料产能排行见表 4-3。

表 4-3　　广西水泥熟料产能排行

排名	企业	熟料年产能（万 t）	占比（%）
1	华润水泥	2657	32.8
2	海螺水泥	1597	19.7
3	台泥水泥	744	9.2
4	鱼峰集团	667	8.2

续表

排名	企业	熟料年产能（万 t）	占比（%）
5	南方水泥	605	7.5
6	红狮水泥	465	5.7
7	虎鹰水泥	403	5.0
8	登高集团田东水泥	310	3.8
9	华盛天涯水泥	99	1.2
其他水泥企业		558	6.9
熟料年产能合计		8103	—

数据来源：中国水泥网

引导水泥熟料产业不再承接产能。根据《产业转移指导目录（2018 年本）》，广西优先承接发展的产业包含新型环保建筑墙体屋面材料和装饰材料、协同处置城市污泥、节能玻璃、安全玻璃及制品、滑石等非金属矿及深加工制品等，其中西江经济带重点发展建材等产业；引导不再承接的产业为水泥熟料生产。

（三）云南

云南化解水泥过剩产能成效明显。截至 2018 年年底，云南省水泥熟料产能合计为 8655 万 t，前三家主导企业分别为西南水泥、云南水泥、华新水泥，熟料产能分别为 1668 万、1085 万、1045 万 t，占比分别为 19.3%、12.5%、12.1%。同时，云南严控过剩产能成效明显，政策倒逼 1100 万 t 水泥熟料产能停产整改提升。云南省水泥熟料产能排行见表 4 - 4。

表 4 - 4　　云南省水泥熟料产能排行

排名	企业	熟料年产能（万 t）	占比（%）
1	西南水泥	1668	19.3
2	云南水泥	1085	12.5

续表

排名	企业	熟料年产能（万t）	占比（%）
3	华新水泥	1045	12.1
4	海螺水泥	760	8.8
5	红狮集团	465	5.4
6	台泥水泥	434	5.0
7	华润水泥	388	4.5
8	红塔滇西水泥	248	2.9
9	尖峰集团	99	1.2
其他水泥企业		2465	28.5
熟料年产能合计		8655	—

数据来源：中国水泥网

优先承接发展新型建材产业。根据《产业转移指导目录（2018年本）》，云南优先承接发展的产业包含磷石膏类建材、建筑装饰用石材、新型节能墙体材料、着色玻璃、热反射玻璃、低辐射玻璃、新型不定型耐火材料、太阳能热利用及光伏发电应用一体化建筑材料等新型建材。

（四）贵州

贵州新增产能较多，产业集中度下降。截至2018年年底，贵州省水泥熟料产能合计为8680万t，前两家主导企业分别为西南水泥、海螺水泥，熟料产能分别为1922万、1866万t，占比分别为22.1%、21.5%。2018年，贵州省新投产3条水泥熟料生产线，新增设计产能440万t，占全行业的20%，为新增熟料产能最多的省份，新增产能全部来自于中小型企业，产业集中度进一步降低。贵州省水泥熟料产能排行见表4-5。

表 4-5　　贵州省水泥熟料产能排行

排名	企业	熟料年产能（万 t）	占比（%）
1	西南水泥	1922	22.1
2	海螺水泥	1866	21.5
3	台泥水泥	558	6.4
4	红狮集团	543	6.3
5	豪龙控股	372	4.3
6	鱼峰集团	341	3.9
7	华润水泥	310	3.6
8	拉法基	220	2.5
9	盘江水泥	186	2.1
其他水泥企业		2362	27.2
熟料年产能合计		8680	

数据来源：中国水泥网

贵安新区不再承接水泥产能。根据《产业转移指导目录（2018 年本）》，贵州省优先承接发展的产业包含石材开采及精深加工、新型环保建筑墙体屋面材料和装饰材料、节能玻璃、安全玻璃及制品等，引导不再承接的产业包含水泥、平板玻璃、砂石矿山开采（贵安新区）。

（五）海南

海南水泥行业发展受限。海南省四面环海，交通不方便，燃料资源匮乏，这些因素一直制约着水泥行业的发展。截至 2018 年年底，海南省水泥熟料产能合计为 1395 万 t，生产企业主要有华盛天涯、华润水泥、鸿启实业 3 家，熟料产能分别为 915 万、326 万、155 万 t，占比分别为 65.6%、23.3%、11.1%。海南省水泥熟料产能排行见表 4-6。

表 4-6　　海南省水泥熟料产能排行

排名	企业	熟料年产能（万 t）	占比（%）
1	华盛天涯	915	65.6
2	华润水泥	326	23.3
3	鸿启实业	155	11.1
熟料年产能合计		1395	

数据来源：中国水泥网

引导水泥熟料不再承接产能。根据《产业转移指导目录（2018 年本）》，海南省优先承接发展的产业包含水泥基高性能混凝土及制品、装配式建筑部品部件等，引导逐步调整退出的产业包含普通平板玻璃制造等，引导不再承接的产业包含水泥熟料制造。

4.2 行业发展

4.2.1 行业政策及影响

引导水泥产业结构调整优化。2019 年 11 月，国家发改委发布《产业结构调整指导目录（2019 年本）》。水泥行业鼓励类包括新型干法水泥窑生产特种水泥工艺技术及产品的研发与应用等；限制类为 2000t/日以下熟料新型干法水泥生产线（特种水泥生产线除外）、60 万 t/年以下水泥粉磨站。淘汰类为干法中空窑（生产铝酸盐水泥等特种水泥除外），水泥机立窑，立波尔窑、湿法窑等。

严格落实差别电价政策。2019 年 7 月，生态环境部、国家发改委、工信部、财政部联合发布《工业炉窑大气污染综合治理方案》，明确要严格落实水泥等行业差别电价政策，对淘汰类和限制类企业用电（含市场化交易电量）实行更高价格。

环保标准提高。2019年7月，生态环境部、国家发改委、工信部、财政部联合发布了《工业炉窑大气污染综合治理方案》，针对水泥行业提出：严格控制涉工业炉窑建设项目，严禁新增水泥产能；二氧化硫、氮氧化物、颗粒物、挥发性有机物（VOCs）排放全面执行大气污染物特别排放限值；积极推进水泥行业污染治理升级改造；鼓励水泥企业实施全流程污染深度治理。

4.2.2 全国水泥供需形势预测

2019年水泥消费将实现正增长，2020年增速趋缓。2019年上半年，全国水泥需求好于预期，需求同比增长5%以上。预计下半年，房地产开发投资将放缓；随着基建储备项目投放及开工有望加快，基建投资增速将稳中有升。总体来看，下半年水泥需求增速将比上半年有所回落，但全年水泥需求将好于上年，水泥销售量约为22.6亿t，同比增长4%。2020年，房地产市场将继续降温，然而考虑到项目竣工速度较慢、在建工程规模庞大，开发企业仍将积极推盘促销，房地产开发投资增速降幅不会太大。而基建投资作为逆周期调节工具，承担起“稳增长”重任，基建投资规模依然较大。总体来看，2020年水泥需求增速将趋缓，同比增长约2%。

新点火熟料产能2500万t，相对集中在广东、广西、云南、贵州。根据中国水泥协会初步统计，2019年上半年，新点火生产线10条，熟料设计产能1550万t/年。从目前跟踪的在建生产线进度情况看，预计2019年将有2500万t左右产能新点火，相对集中在广东、广西、云南、贵州和福建，其中广东和广西合计600万t左右，云南和贵州合计700万～800万t。

压减熟料产能7000万t，总产能呈下行走势。根据中国水泥协会发布的《2019年水泥行业大气污染防治攻坚战实施方案》，2019年要实现水泥行业压减熟料产能（淘汰落后产能）7000万t，进一步提升产能利用率，使全国平均产能利用率达到70%以上。水泥去产能将与遏制新增产能、淘汰落后产能、打击无证生产产能、停止生产32.5强度等级水泥等措施齐头并进。预计“十三

五”末期，设计熟料产能呈下行走势，2019 年降至约 17.9 亿 t，2020 年降至约 17.7 亿 t。

预计 2019 年全国水泥产量平稳增长，2020 年增速放缓。①2020 年蓝天保卫战时限下，环保总量约束使得水泥供给放松空间极小，日常管控的频率和力度将进一步增强，实际供给或不增反减。②正式取消 32.5 标号水泥的国标修改单于 10 月起实施，M32.5 等品种水泥或替代部分原有需求，预计增加 0.3 亿～0.5 亿 t 熟料使用量。③2019 年错峰生产天数整体略少于去年，执行力度不如预期，错峰生产执行中的障碍有望在新的《错峰生产实施细则》中得到纠正，再加上水泥消费增长受限，因此水泥供给将受到抑制。预计 2019 年全国水泥产量约为 22.9 亿 t，同比增长约 5.2%，下半年增速将低于上半年；2020 年全国水泥产量约为 23.4 亿 t，同比增长约 2%。

4.2.3　南方五省区水泥产量预测

通过水泥跨省产能置换，华北、东北等过剩产能突出地区向桂滇黔等西南省份转移。2019 年，广西、云南、贵州分别有 6 条、16 条、3 条熟料生产线拟建设中。其中，广西合山虎鹰建材有限公司（尖峰）5500t/d 熟料生产线、鱼峰水泥股份有限公司 5500t/d 熟料生产线、南宁红狮 5000t/d 熟料生产线，云南尖峰大展水泥有限公司 1500t/d 熟料生产线，贵州东立水泥有限公司 5000t/d 熟料生产线，均为跨省置换项目。若新增项目全部建成，三省熟料设计产能将达到 1 亿 t，或将导致产能过剩进一步加剧，企业和行业效益面临下降风险。

预计广东、云南水泥产量保持增长态势，广西、海南水泥产量略有下降，而贵州水泥产量则面临较大下行压力。

1）广东：人口存在长期净流入趋势，棚改货币化的暂停不会大幅影响房地产市场；《粤港澳大湾区发展规划纲要》出台及广东省对粤东西北地区加大补短板的力度带来强劲需求。总体来看，广东水泥需求向好。预计 2019 年，广东水泥产量约为 16 197 万 t，同比增长约 1.3%；2020 年，产量将达 16 602 万 t。

2）广西： 随着广东在建熟料生产线投产释放，广西向广东的水泥输出将大幅减少。广西水泥产销量已进入高位，未来增长空间有限，预计将维持 0.9 亿～1.2 亿 t/年的产销规模。随着供给端产能增加，需求下行，水泥产能过剩矛盾将更加突出。水泥需求在 2019 年上半年有明显减弱，预计下半年不少重点项目工程将开工，水泥需求将有所回升，但全年仍将负增长。预计 2019 年，广西水泥产量将达 11 439 万 t，同比下降约 2.6%；2020 年，产量约为 11 359 万 t。

3）云南： 近几年，云南省水泥需求持续上升，2018 年水泥年需求总量接近 1.2 亿 t，全国排名第七位。云南省水泥人均消费量处于较高水平，2018 年已达 2.4t，高于全国平均水平 0.8t。未来云南将着力加快机场、航道建设项目进度，水泥市场需求总体保持良好态势。预计 2019 年，云南水泥产量约 12 801 万 t，同比增长约 8.5%；2020 年，产量约 13 557 万 t。

4）贵州： 贵州前几年基建进度较快，一定程度上提前耗费了水泥需求的潜力。2019 年以来，随着脱贫攻坚项目逐渐收尾，贵州地区水泥需求进入下行期。贵州人均累计水泥产量已达 24t，超过全国峰值期水平 4t 以上，显示出需求峰值迹象，面临着下行态势。2019 年上半年，贵州水泥产量 4905 万 t，同比下降 5.3%，呈现出 2016 年以来同期最低水平，预计全年水泥产量约 10 282 万 t，同比下降约 6.8%；2020 年，产量约为 9459 万 t。

5）海南： 自 2018 年 4 月海南宣布全域限购以后，导致房地产市场降温，房地产对水泥需求的支撑作用变弱，2019 年上半年岛上新开工项目不多；而自贸区（港）建设有条不紊，稳步加快，基建水泥需求上升。综合来看，海南水泥产量略有下降。预计 2019 年，水泥产量 2094 万 t，同比下降 0.5%；2020 年，产量为 2089 万 t。2019～2020 年南方五省区水泥产量预测见表 4-7。

表 4-7　2019～2020 年南方五省区水泥产量预测　万 t，%

省份	项目	2018 年	2019E	2020E
广东	产量	15 989	16 197	16 602
	同比增长	5.6	1.3	2.5
广西	产量	11 744	11 439	11 359
	同比增长	6.3	-2.6	-0.7
云南	产量	11 798	12 801	13 557
	同比增长	5.9	8.5	5.9
贵州	产量	11 032	10 282	9459
	同比增长	4.8	-6.8	-8
海南	产量	2104	2094	2089
	同比增长	11.8	-0.5	-0.2

4.3　南方五省区水泥行业与电力的关系

4.3.1　行业生产电耗

水泥单位产品生产电耗不高，但是应用规模较大。2018 年，南方五省区单位水泥产品电耗约 61kWh/t，与全国平均水平持平。其中，广东、广西、云南、贵州单位水泥产品电耗依次为 55、60.8、66.6、60.4 kWh/t，海南约为 81.8 kWh/t。随着水泥生产技术的进步，单位产品电耗将呈下行走势，预计 2019～2020 年南方五省区单位水泥产品电耗将处于 60～61 kWh/t。2015～2020 年南方五省区单位水泥产品电耗走势如图 4-11 所示。

4.3.2　行业用电价格及电力成本分析

南方五省区水泥行业普遍参与电力直接交易，电价逐年下降，广东下降最

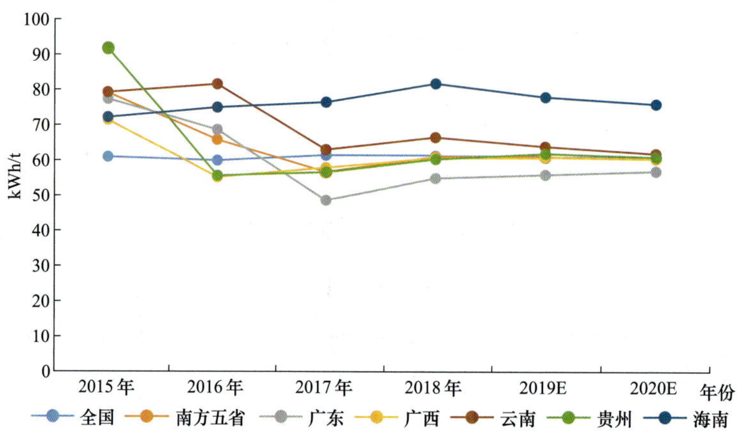

图 4-11　2015～2020 年南方五省区单位水泥产品电耗走势

数据来源：国家统计局、中国电力企业联合会

为明显。2018 年，广东、云南、广西、海南水泥企业电价与 2016 年相比，分别下降约 20%、10%、5%、2%。

水泥生产成本中，电力成本占比为 15%左右。水泥的全部成本中，原材料（石灰石、黏土、耐火材料等）占比约为 20%、煤占比 30%、电占比 15%、折旧占比 18%，其他占比 17%。此外，由于余热发电量占水泥耗电量的比重约 30%～45%，随着余热发电技术的普及推广，水泥用电成本将明显下降。

4.4　南方五省区水泥行业电力消费

4.4.1　行业用电现状

南方五省区水泥行业用电量 322 亿 kWh，同比增长 7.2%，快于全国增速。2018 年，全国水泥行业用电量约为 1355 亿 kWh，同比下降 4.9%。南方五省区水泥行业用电 322 亿 kWh，同比增长 7.2%，相较 2017 年大幅回升 17.8 个

百分点；占全国的比例为 23.7%，呈上升趋势。

广东、云南水泥用电量增长较快，广西、贵州、海南增长相对较慢。 2018 年，广东、广西、云南、贵州、海南水泥行业用电量分别为 87.9 亿、71.4 亿、78.6 亿、66.6 亿、17.2 亿 kWh，同比增速分别为 14.3%、1.0%、10.2%、3.4%、1.6%。广东、云南两省水泥供需关系较好，产量增幅较高，行业用电快速增长；广西水泥产销量处于高位，增长空间有限；贵州大部分重点工程收尾，水泥需求和产量增长放缓；海南受房地产限购政策影响，水泥需求偏弱。

2015～2018 年全国及南方五省区水泥行业用电情况见表 4-8。

表 4-8　　2015～2018 年全国及南方五省区水泥行业用电情况　　亿 kWh，%

分地区	项目	2015 年	2016 年	2017 年	2018 年
全国	用电量	1432	1437	1425	1355
	同比增长	-8.9	0.3	-0.9	-4.9
南方五省区	用电量	372	336	300	322
	同比增长	3.9	-9.5	-10.6	7.2
广东	用电量	112	104	76.9	87.9
	同比增长	-3.4	-6.9	4.3	14.3
广西	用电量	79.1	66.1	70.7	71.4
	同比增长	1.4	-16.4	8.3	1
云南	用电量	73.8	89.5	71.3	78.6
	同比增长	-15.4	21.3	-20.3	10.2
贵州	用电量	91.0	59.9	64.4	66.6
	同比增长	53	-34.2	7.5	3.4
海南	用电量	16.1	16.7	16.9	17.2
	同比增长	-6.9	4	4.8	1.6

数据来源：中国电力企业联合会

4.4.2 行业用电预测

预计 2019、2020 年南方五省区水泥用电量约为 323 亿、321 亿 kWh。广东行业用电量将平稳增长，2019、2020 年用电量分别为 90.7 亿、94.6 亿 kWh；广西水泥产销量处于高位，增长空间小，用电量将平缓下滑，2019、2020 年用电量分别为 69.8 亿、68.7 亿 kWh；2019、2020 年云南水泥行业用电量约为 81.9 亿、84.1 亿 kWh，增速趋缓；贵州水泥需求透支，2019、2020 年用电量约为 63.7 亿、57.7 亿 kWh，降幅较大；海南市场需求受房地产限购政策影响较大，用电量呈下降走势，2019、2020 年用电量分别为 16.3 亿、15.9 亿 kWh。2019、2020 年南方五省区水泥行业用电量预测见表 4-9。

表 4-9　2019、2020 年南方五省区水泥行业用电量预测　亿 kWh，%

分地区	项目	2018 年	2019E	2020E
南方五省区	用电量	322	323	321
	同比增长	7.2	0.2	-0.5
广东	用电量	87.9	90.7	94.6
	同比增长	14.3	3.1	4.3
广西	用电量	71.4	69.8	68.7
	同比增长	1.0	-2.3	-1.5
云南	用电量	78.6	81.9	84.1
	同比增长	10.2	4.3	2.6
贵州	用电量	66.6	63.7	57.7
	同比增长	3.5	-4.3	-9.5
海南	用电量	17.2	16.3	15.9
	同比增长	1.6	-5.1	-2.8

第 5 章

化工行业

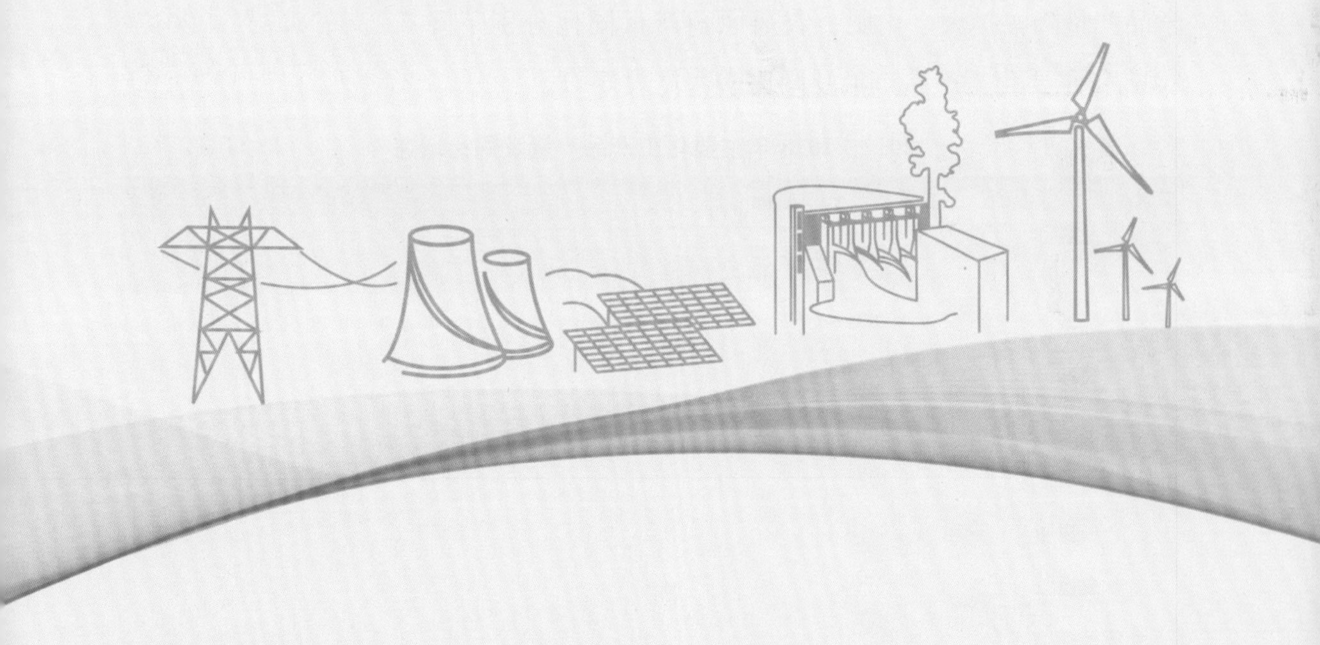

5.1 行业现状

5.1.1 全国化工行业整体情况

主要产品总产量低速增长，其中合成材料增速较快，农用化学品降幅较大。2018年，全国主要化工产品总产量增幅约2.3%，较上年回落0.2个百分点。基础化学原料中，硫酸、烧碱、乙烯等产量微幅增长，纯碱产量与上年基本持平；合成材料中，合成树脂、合成橡胶产量同比分别增长4.2%、7.1%，合成纤维单体和聚合物仍保持较快增长，增速分别达13.4%和8.3%；农用化学品产量降幅扩大，化肥、农药原药产量同比分别下降5.2%、9.5%。2017、2018年主要化工产品产量及同比增速见表5-1。

表5-1　2017、2018年主要化工产品产量及同比增速　万t，%

产品名称	2017年		2018年	
	产量	同比增长	产量	同比增长
硫酸	8694	1.7	8636	1.8
纯碱	2677	5.0	2621	-0.1
烧碱	3365	5.4	3420	0.9
乙烯	1822	2.4	1841	1.0
合成树脂	8378	4.5	8558	4.2
合成橡胶	579	4.0	559	7.1
合成纤维单体	4273	9.9	4917	13.4
合成纤维聚合物	1765	10.5	1722	8.3
化学纤维	4920	5.0	5011	7.7
化肥（折纯）	6065	-2.6	5460	-5.2
农药	294	-8.7	208	-9.5

数据来源：国家统计局、中国石油和化学工业联合会

价格前期上涨后期回调，年末大幅下挫。2018 年上半年，受原油价格震荡上行、环保督察持续趋严、低端产能陆续出清等影响，化工出厂价格指数在上年基础上继续上扬，化工价格指数在 6、7 月达到年内高位。9 月后，国家对环保执法不合理手段进行纠正，同时国际油价达到顶点后调头向下，化工价格指数步入下行通道。12 月末，化工产品出厂价格指数跌至 100.5 点，接近 2016 年年末的水平。2017、2018 年化工产品出厂价格指数如图 5-1 所示。

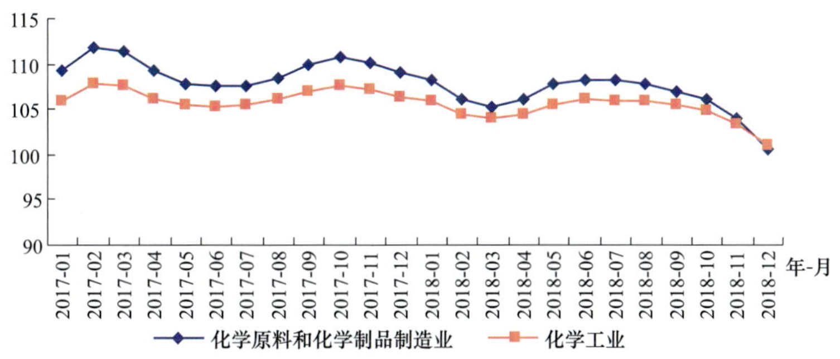

图 5-1　2017、2018 年化工产品出厂价格指数（当月）

注：上年同月＝100。

数据来源：国家统计局

销售收入同比增长，但绝对值锐减。化工行业销售收入 2017 年实现自 2012 年以来的最高增速，2018 年在高基数基础上依然保持同比增长，但增速有所放缓。2018 年化工行业销售收入 70 148 亿元，同比增长 9.1%，增速比上年放缓 4.8 个百分点。2010～2018 年化学原料和化学制品制造业销售收入及同比增速如图 5-2 所示。

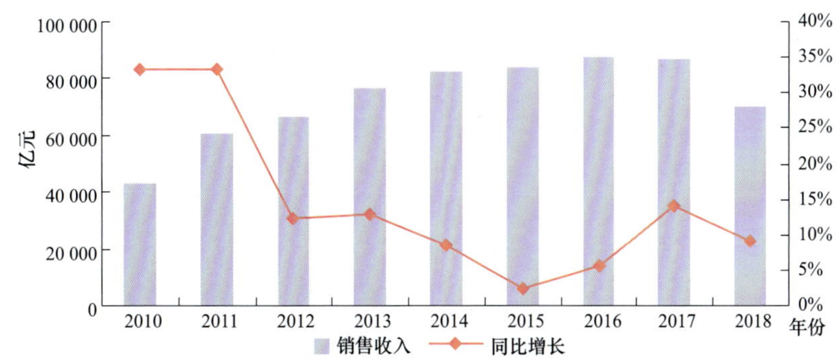

图 5-2　2010～2018 年化学原料和化学制品制造业销售收入及同比增速

数据来源：国家统计局

化工利润保持较快增长，增速下滑。2018 年，化工行业全年实现利润 5146 亿元，同比增长 15.9%，增速较上年放缓，仍是近七年中第二高增速。行业主营收入利润率达到 7.3%，较上年提高 0.4 个百分点，盈利能力有所增强。2010～2018 年化学原料和化学制品制造业利润总额及同比增速如图 5-3 所示。

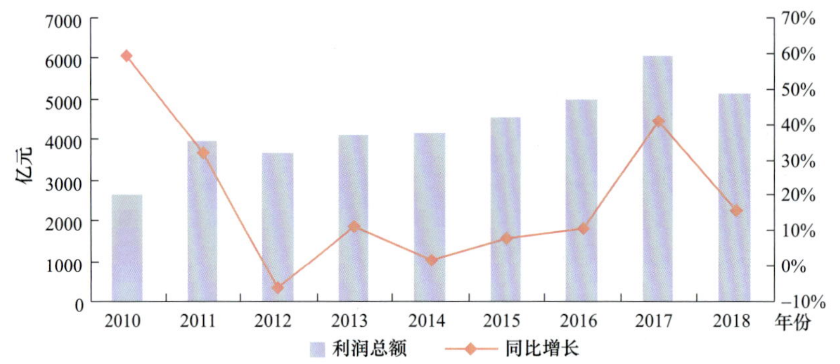

图 5-3　2010～2018 年化学原料和化学制品制造业利润总额及同比增速

数据来源：国家统计局

进出口稳步增长。2018 年，化工及相关工业产品进口额为 1556 亿美元，同比增长 17.4%，增速较上年同期放缓 3.3 个百分点；出口延续 2017 年的回暖势头，增速较上年略有提升，累计完成出口交货值 4429 亿元，同比增长 15.4%。2010～2018 年化学原料和化学制品制造业出口交货值如图 5-4 所示。

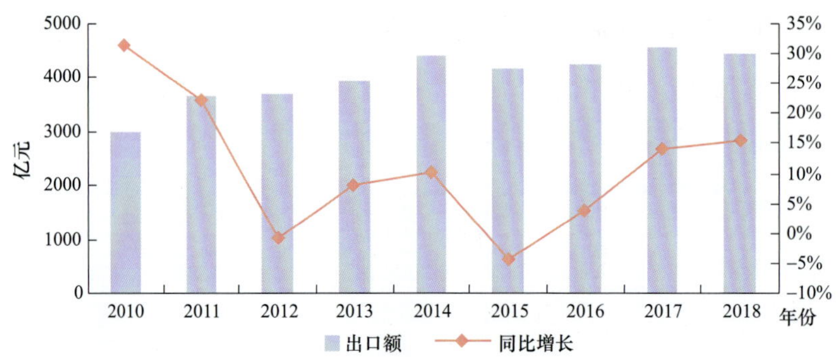

图 5-4　2010～2018 年化学原料和化学制品制造业出口交货值

数据来源：国家统计局

化工投资触底回升。2018 年，化工行业投资有所回暖，同比增长 6%，与

同期全国固定资产投资增速基本持平，仍低于全国工业投资（6.5%）和制造业投资（9.5%）增幅。总体而言，化工行业投资回升动力明显不足。2010～2018 年化学原料和化学制品制造业固定资产投资情况如图 5-5 所示。

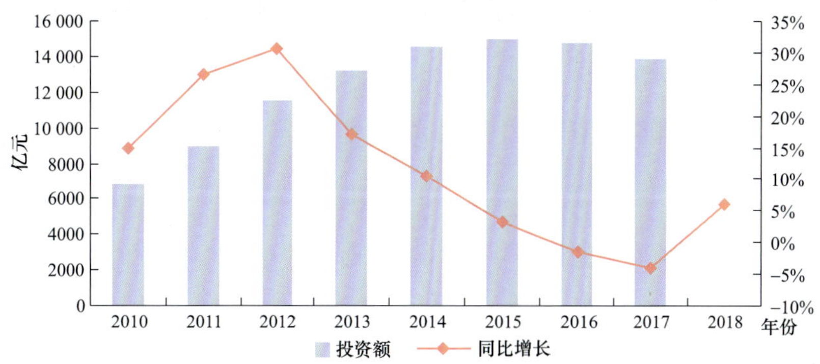

图 5-5　2010～2018 年化学原料和化学制品制造业固定资产投资情况

数据来源：国家统计局

5.1.2　全国黄磷行业运行情况

磷是重要的化工原料，也是农作物生长的必要元素。磷化工行业作为典型的资源型产业，主要依赖于上游原料磷矿石。工业用磷必须大量从磷矿中提取，用于制造黄磷、赤磷、磷酸、磷肥、磷酸盐等。磷化工行业通过利用不同的物理化学方式对磷矿资源进行加工，进而生产不同类型的下游磷化学产品。磷化工行业产业链如图 5-6 所示。

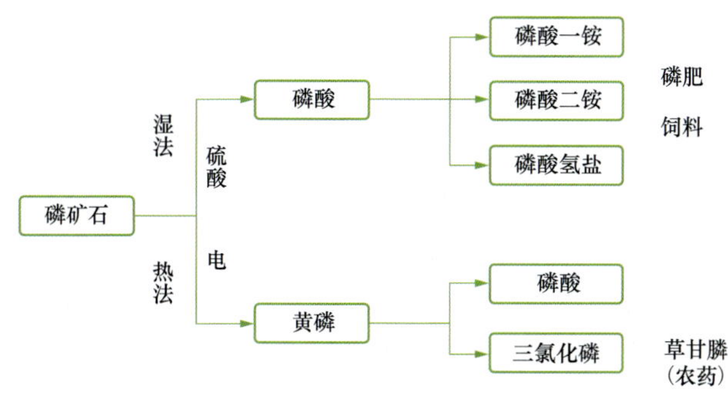

图 5-6　磷化工行业产业链

我国磷矿资源主要分布在南方。我国磷矿主要分布在湖北、云南、贵州及四川，四省储量占全国总探明储量的 61.6%。磷矿石产能也主要分布在以上地区。2018 年，贵州、湖北、云南和四川的磷矿石产量分别为 3421 万 t、3304 万 t、2110 万 t 和 523 万 t，占比分别为 35.5%、34.3%、21.9%和 5.4%，四省产量合计占全国总产量的 97.1%。

磷矿成为国家战略性资源，开采总量实行年度限制。我国是世界上最大的磷矿石生产国，产储比高达 3.7%，预计剩余可开采年限仅 30 年。2016 年，原国土资源部发布《全国矿产资源规划（2016—2020 年）》，将磷矿石列入战略性矿产资源，提出 2016～2020 年磷矿石开采总量将保持在 1.5 亿 t/年左右。

磷肥产能呈下降态势，无新增产能。2011 年开始，我国磷肥产能增速放缓，行业步入平稳发展阶段。中国磷复肥工业协会数据显示，2016 年我国磷肥产能 2470 万 t（折含 100% P_2O_5），比上年增加 100 万 t。2018 年无新增产能，部分不具备竞争优势的装置退出或处于停工状态。截至 2018 年年底，我国磷肥产能 2353 万 t，11 家企业全年无生产，涉及闲置产能 88 万 t。2013～2018 年我国磷肥产能变化情况如图 5-7 所示。

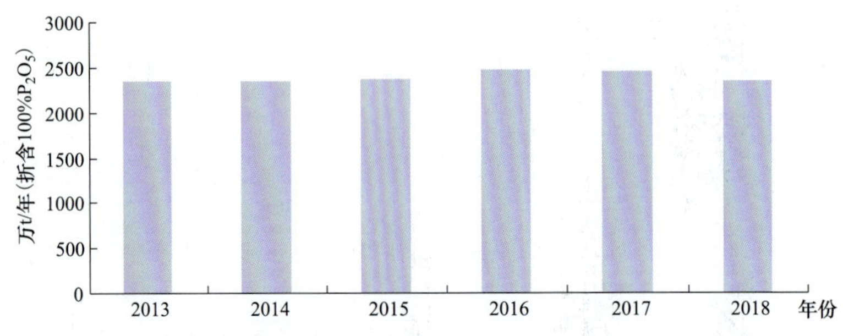

图 5-7　2013～2018 年我国磷肥产能变化情况

数据来源：中国磷复肥工业协会

磷肥产量增长逐渐放缓。据磷复肥工业协会统计，2016 年起我国磷肥产量开始放缓。2018 年，全国磷肥产量 1696 万 t（折含 100% P_2O_5），同比减少

0.9%。其中，高浓度磷肥产量1610万t，同比增长0.2%，占比94.9%；低浓度磷肥产量86.3万t，同比减少18.1%，占比5.1%。2010～2018年我国磷肥产量及同比增速如图5-8所示。

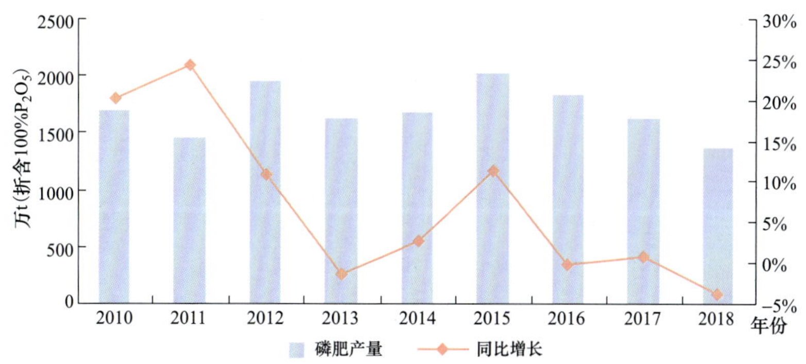

图5-8 2010～2018年我国磷肥产量及同比增速

数据来源：国家统计局、中国石油和化学工业联合会

黄磷总体供过于求，产能继续下行。近年来供给侧结构性改革不断淘汰黄磷落后产能，但下游需求持续缩减，黄磷市场仍供应过剩，我国黄磷产能继续减少。2018年我国黄磷产能187万t，同比减少4.6%，与2014年相比减少约39万t。2014～2018年我国黄磷产能变化情况如图5-9所示。

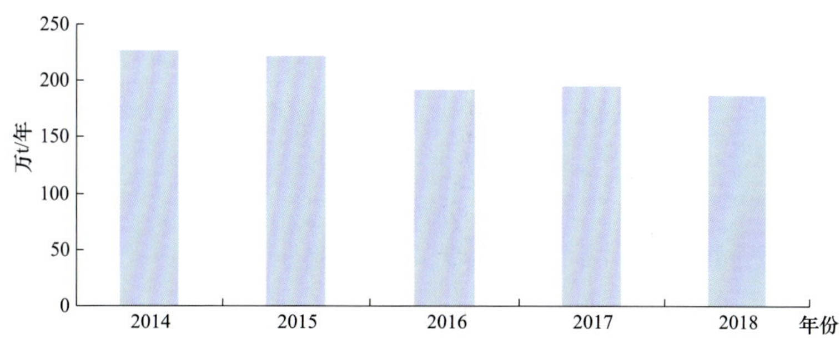

图5-9 2014～2018年我国黄磷产能变化情况

数据来源：中国石油和化学工业联合会

黄磷产量和企业开工率继续下滑。2018年，国家加大大气治理及下半年黄磷生产成本上行，黄磷成交价格持续低位，多数时间黄磷企业均处开机亏损状态，全年黄磷开工率维持在45%左右，较2017年下行3个百分点。受偏低开

工率影响，我国全年黄磷产量 87.6 万 t 左右，较上年减少 3.3%。2014～2018 年我国黄磷产量及开工率如图 5-10 所示。

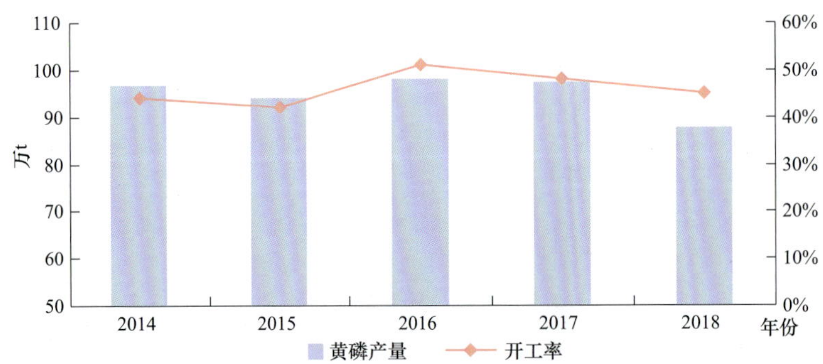

图 5-10　2014～2018 年我国黄磷产量及开工率

数据来源：中国石油和化学工业联合会

黄磷需求格局未出现明显调整，仍以磷酸和三氯化磷为主。热法磷酸和三氯化磷是黄磷主要下游产品。2018 年，我国黄磷下游消费仍以磷酸和三氯化磷消费为主，消费占比与 2017 年基本持平。其中，磷酸消费占比 43%，实际消耗量有所减少，主要是磷酸下游需求持续偏弱，且湿法磷酸维持高位开工，挤占部分热法磷酸市场份额。三氯化磷消费占比 37%，较上年下降 2 个百分点，主要是 2018 年国家加强大气治理力度，三氯化磷企业开工率低于上年。其他赤磷、五氧化二磷、五硫化二磷等下游产品总体需求变化不大，消费占比维持在 15%左右。

黄磷价格震荡回落。2018 年，国内黄磷市场在 13 800～16 600 元/t 区间震荡运行。2018 年底，国内黄磷市场现货月平均价为 15 324 元/t，较年初和上年同期回落 971 和 2105 元/t。2017～2018 年国内黄磷现货月平均价格如图 5-11 所示。

5.1.3　南方五省区黄磷行业运行情况

（一）总体情况

磷肥产业布局向资源地和优势企业集中。近年来，我国磷肥产业向资源地

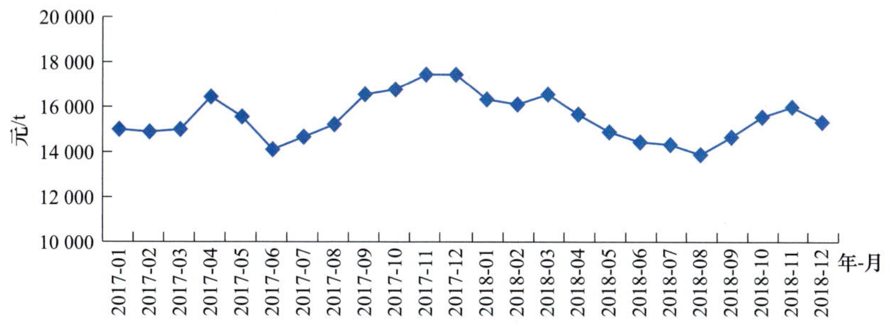

图 5-11 2017～2018 年国内黄磷现货月平均价格

数据来源：万得资讯（Wind）

集中的趋势更加明显。2018 年，磷肥产量排名前 5 的湖北、云南、贵州、四川、安徽五省的磷肥产量合计达 1453 万 t，占全国磷肥总产量的 85.7%。磷复肥行业大型优势企业规模不断扩大，产量持续向创新能力强、产品质量好、品牌优势明显的企业集中。2018 年磷肥产量前 10 企业共生产磷肥 1074 万 t，占全国总产量的 63.3%，与上年基本持平。云南云天化集团仍是国内第一大磷肥生产企业，其次是贵州开磷集团和瓮福集团，产量分别占国内总产量的 15.9%、10.8%和 6.1%。2018 年我国磷肥产量前 5 名省份见表 5-2。

表 5-2　　2018 年我国磷肥产量前 5 名省份

排名	省市	2018 年（万 t）	同比（%）	占比（%）
1	湖北	583	-1.0	34.4
2	云南	413	5.7	24.4
3	贵州	261	3.9	15.4
4	四川	116	-0.7	6.8
5	安徽	80	-27.5	4.7
前 5 省小计		1453	-0.3	85.7
总计		1696	-0.9	—

数据来源：中国磷复肥工业协会

云南、四川、贵州、湖北是我国黄磷主要供应地。黄磷对资源的依赖性强，产能分布格局比较稳定。由于黄磷对上游原料及电力资源的高度依赖，我国黄磷生产企业主要分布在云南、贵州、四川及湖北等地。2018年云南、贵州、四川三省黄磷产能占全国总产能的94%，全国黄磷产量的85%以上也来自于这三省。其中，云南黄磷产能约96.5万t，占全国总产量的52%，排第一位；四川产能42.4万t，占比为23%；贵州产能36万t，占比为19%；湖北产能12万t，占比相对较小，仅占6%。2017～2018年我国黄磷主产区产能对比如图5-12所示。

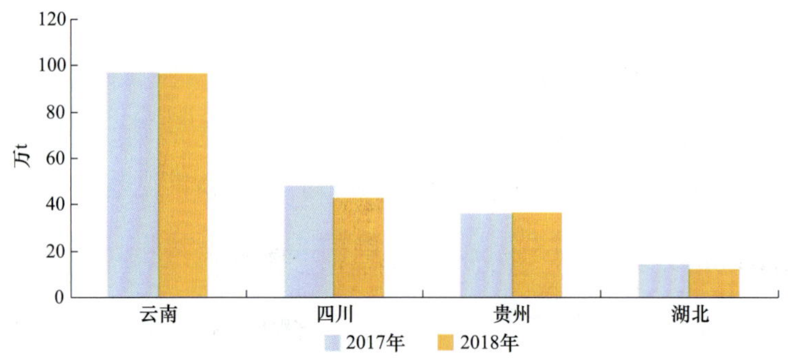

图5-12　2017～2018年我国黄磷主产区产能对比

数据来源：中国石油和化学工业联合会

（二）云南

深化调结构促转型增效益，提高化工绿色发展水平。过去5年，云南化工行业持续深化落实《云南省化学工业调结构促转型增效益实施方案》，在严控焦炭、黄磷、化肥等区域性过剩行业产能“零增长”的同时，启动城镇人口密集区危化品生产企业搬迁改造，推动化肥及磷、煤、氯、硫等传统化工产业调整转型发展。截至2018年底，全省共有规模以上化工企业373家，占原材料企业总数的27.4%；实现主营业务收入1720亿元，同比增长38.7%。

磷化工向头部优势企业集中。云南大部分化工企业建于20世纪六七十年代，经过50多年发展，基本形成以磷化工为重点，以化肥生产为特色，以煤化工、盐化工、生物化工为发展方向的产业格局。近年来，云南磷化工行业集中

度不断提升。全省磷复合肥生产主要集中在云天化集团和云南祥丰化肥股份有限公司。饲料级磷酸氢钙产量主要集中在禄丰天宝磷化工有限公司、昆明川金诺化工股份有限公司、中化云龙有限公司、云南胜威化工有限公司、云南磷化集团有限公司，5家企业产量占全省总产量89.5%以上。黄磷产量主要集中在宣威、江川、屏边、澄江等地，生产企业由2013年的40多家缩减到28家，仍在运行的企业在环保、节能、总体技术装备水平等各方面都有较大进步，两个“无火炬、无粉尘、无蒸汽”排放生产的黄磷企业成为全国黄磷行业标杆。

（三）贵州

“以用定产”倒逼资源利用提升。一是全国首提“以用定产”。2018年4月，贵州省发布《关于加快磷石膏资源综合利用的意见》，提出2018年全面实施磷石膏“以用定产”，实现磷石膏产消平衡，争取新增堆存量为零；2019年起，力争实现磷石膏消大于产，积极消纳磷石膏堆存量。**二是严控传统磷肥产能规模**。原则上不再新建或扩建肥料级湿法磷酸及配套的磷铵装置，鼓励和支持企业对传统磷化工生产工艺和设备进行绿色化改造升级。

围绕资源富集区打造磷化工骨干企业。贵州是磷资源大省，磷矿储量大，资源丰富。贵州磷化工产业起步于1958年，是全国最早的三大磷化工基地（开阳、襄阳、昆阳）之一。经过多年发展，已建成较为完备的磷化工产业体系，成为贵州重要支柱产业。开磷集团、瓮福集团（2019年6月两者已合并为贵州磷化集团）作为具有较强影响力和竞争力的龙头骨干企业，技术装备、研发能力和资源利用水平等都走在全国前列。

5.2 行业发展

5.2.1 行业政策及影响

长江保护修复攻坚战启动，西南多省纳入“三磷”整治。2019年1月，生态环境部、发改委联合印发《长江保护修复攻坚战行动计划》，提出以改善长江生态环境质量为核心，突出工业、农业、生活、航运污染“四源齐控”，确保长江环境质量持续改善。在主要任务中，提出要推进“三磷”综合整治。4月，为解决长江经济带部分河段水体总磷严重超标问题，生态环境部印发《长江“三磷”专项排查整治行动实施方案》，指导湖北、四川、贵州、云南、湖南、重庆、江苏等7省（市）开展集中排查整治。磷矿、磷化工和磷石膏库被列为三类重点整治对象，要求2019年上半年完成排查，制定限期整改方案，并实施整改；2020年年底前，对排查整治情况进行监督检查和评估，涉磷行业迎来全面摸底整治。

5.2.2 全国黄磷供需形势预测

黄磷下游产品需求量延续下滑。从黄磷主要下游产品热法磷酸和三氯化磷的生产及开工情况看，虽然我国黄磷下游消费结构占比变化不大，但总体实际消耗量近年来却呈下行趋势，预计这一趋势还将延续。2014～2018年我国热法磷酸和三氯化磷产量及开工率如图5-13所示。

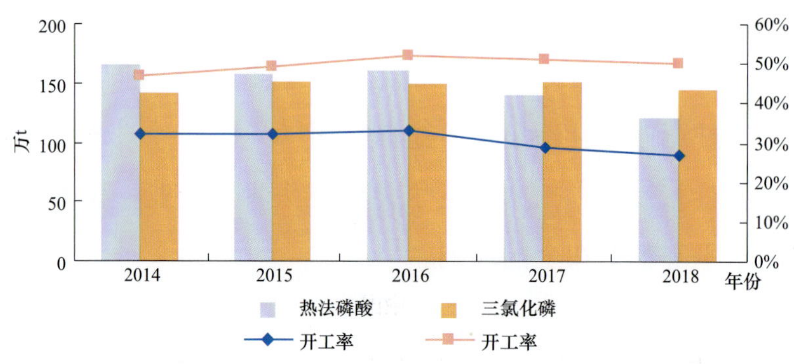

图5-13　2014～2018年我国热法磷酸和三氯化磷产量及开工率

数据来源：中国石油和化学工业联合会

黄磷及下游新增产能受限，节能环保提升受鼓励。我国黄磷产能利用率已连续数年低于50%。根据2019年最新的《产业结构调整指导目录》，单台产能

5000t/年以下和不符合准入条件的黄磷生产装置列入淘汰目录，并且限制新建黄磷生产装置；三聚磷酸钠等黄磷下游产品的低端落后产能淘汰，同时限制再新建生产装置；草甘膦等农药生产装置也受限。未来国家对涉磷产业，主要鼓励加强对磷矿等上游资源的综合利用，以及生产工艺中能源回收、节能环保水平的提升。

政策限采、环保趋严，磷矿产量下滑影响黄磷供给。我国磷矿石产量（折含 P_2O_5 30%，下同）在 2001～2015 年始终保持高速增长，年复合增长率达 14.6%。拐点出现于 2016 年，磷矿石产量同比仅增长 1%，主要原因一是国家开始重视磷矿的战略价值，并颁布一系列政策，保护性限采的力度加大；二是国家开启供给侧结构性改革，使得行业有效供给下降。2017 年，我国磷矿石产量首次出现下滑；2018 年，我国磷矿石产量绝对值同比继续减少。预计未来两年，磷矿石产量保持低位徘徊。2010～2018 年我国磷矿石产量及同比增速如图 5－14 所示。

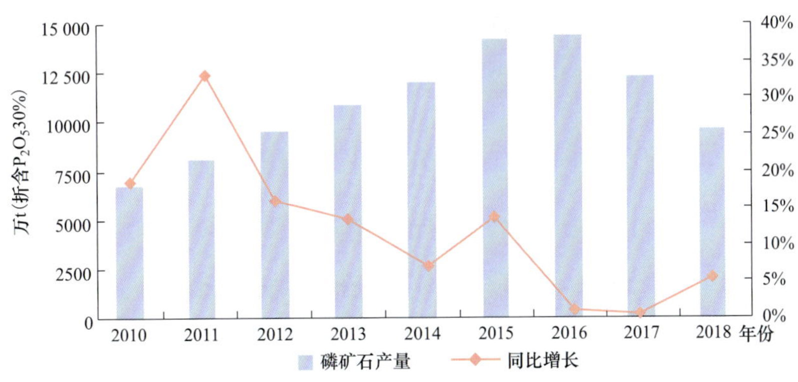

图 5－14 2010～2018 年我国磷矿石产量及同比增速（同口径）

数据来源：国家统计局、中国石油和化学工业联合会

落后产能加速淘汰，黄磷产量将降低。一是“三磷”整治取得阶段成果，涉磷落后产能加速淘汰。2019 年 8 月，生态环境部发布长江经济带“三磷”专项排查整治工作阶段性成果。从自查总体情况看，湖北、贵州、云南等七省市聚集了全国 60%以上的涉磷企业，692 家“三磷”企业（矿、库）中有 276 家存在生态环境问题，占比 40%。下一步，“三磷”整治将进入“定方案一分类

整治”阶段，预计全国涉磷行业现有僵尸产能将彻底关停退出。**二是环保停产提振价格，但需求低迷无力支撑产量增长**。2019 年 7 月，央视曝光贵州黄磷污染情况，贵州地区黄磷厂全面停炉。云南部分地区、四川马边地区黄磷厂停产，整个行业开工率持续下降。国内黄磷供应骤然减少，短期内供应紧缺导致黄磷价格暴涨，7 月中旬以后最高报价较月初每吨上涨近万元。然而黄磷下游需求低迷，无法支撑其价格长期上涨。进入 8 月，国内黄磷现货价格逐步回调，再度回落至 15 000～16 000 元/t。

5.2.3 南方五省区黄磷产量预测

云南、贵州黄磷产量将稳步降低。受开工率连续数年低于 50%、需求端支撑不足，以及黄磷企业环保整治影响，2019～2020 年，国内黄磷行业将稳中趋缓，云贵黄磷产量将稳步降低。预计 2019 年，云南黄磷产量将达 50.0 万 t，同比减少约 2.3%；2020 年产量约 49.3 万 t。预计 2019 年，贵州黄磷产量将达 15.9 万 t，同比减少 1.1%；2020 年产量约 15.8 万 t。2020 年后，随着“三磷”整治工作完毕，黄磷产能进一步向龙头企业、先进装置集中，黄磷产量有望重现提升。2019～2020 年云南、贵州黄磷产量预测见表 5 - 3。

表 5 - 3　　2019～2020 年云南、贵州黄磷产量预测　　万 t，%

分地区	项目	2018 年	2019E	2020E
全国	产量	87.6	84.8	83.6
	同比增长	-3.3	-3.2	-1.5
云南	产量	52.2	50.0	49.3
	同比增长	3.8	-2.3	-1.3
	产量	59.5	58.9	59.0
贵州	同比增长	16.0	15.9	15.8
	产量	-5.1	-1.1	-0.4
	同比增长	18.3	18.7	18.9

数据来源：石化联合会、云南省工业和信息化厅等

5.3　南方五省区黄磷行业与电力的关系

5.3.1　行业生产电耗

近年来国家不断提升相关能耗标准，全国黄磷电耗水平将稳步降低。根据 2016 年 10 月 1 日起实施的《黄磷单位产品能源消耗限额》规定，现有、新建及改扩建黄磷装置单位吨产品电耗准入值应不大于 13 500kWh。预计 2019～2020 年，国内黄磷企业单位产品综合电耗预计将全面达到 13 500kWh/t 的标准，优势地区将向 13 000kWh/t 目标靠近。

云南稳步提升黄磷行业能源利用率。云南积极推动黄磷等高耗能行业产能结构优化，通过淘汰落后工艺，提升节能降耗和减排水平。云南省工信厅数据显示，2018 年，云南省黄磷行业平均工序综合能耗为 3084kg 标准煤/t，平均工序综合电耗为 13 140kWh/t，能源消耗水平逐步降低。2015～2018 年云南省黄磷行业电耗情况见表 5-4。

表 5-4　　2015～2018 年云南省黄磷行业电耗情况

指　　标	2015 年	2016 年	2017 年	2018 年
黄磷产量（万 t）	54.6	52.4	50.3	52.2
产量同比（%）	-0.6	-4.2	-4.0	3.8
正常生产企业（家）	34	30	28	26
关停限产企业（家）	21	25	—	—
单位产品平均电炉电耗（kWh/t）	13 004	12 971	13 038	12 873
单位产品平均综合电耗（kWh/t）	13 247	13 242	13 395	13 140

数据来源：云南省工业和信息化厅

5.3.2　行业用电价格及电力成本分析

云南市场化交易降低耗能行业用电成本。云南属于水电资源较为丰富省份，积极支持符合产业政策和环保要求的企业通过电力市场化交易降低用电成本。2018年，云南磷企电价低于0.35元/kWh，与上年相比，下降了15.4%。

贵州创新完善促进节能环保电价机制。贵州省电源结构以火电为主，用电成本相对周边省份较高。在丰水期时，相比周边云南等省份，黄磷行业生产成本高出约2000元/t。2019年1月，贵州省发布《关于创新和完善促进绿色发展价格机制的实施意见》，提出充分发挥电力价格的杠杆作用，推动高耗能行业节能减排、淘汰落后产能；完善差别电价政策，严格落实黄磷、锌冶炼等7个行业差别电价政策。

黄磷属于高耗电行业，电力成本占比通常为40%～60%。黄磷的生产成本中，电力成本占比最高为40%～60%，其余为磷矿石、焦丁，两者占比较为接近。

5.4 南方五省区黄磷行业电力消费

5.4.1 行业用电现状

南方五省区黄磷行业用电占全国八成左右。近年来南方五省区黄磷用电量虽有所波动，但占全国黄磷用电比重基本保持在80%以上。2018年，南方五省区黄磷用电量约99亿kWh，同比减少3.5%，占全国比重为82.9%，较上年有所下降。2015～2018年全国及南方五省区黄磷行业用电情况见表5-5。

表5-5　2015～2018年全国及南方五省区黄磷行业用电情况　亿kWh，%

分地区	项目	2015年	2016年	2017年	2018年
全国	用电量	120	113	106	119
	同比增长	-4.3	-6.1	-5.5	12.3

续表

分地区	项目	2015年	2016年	2017年	2018年
南方五省区	用电量	109	101	103	99
	同比增长	11.5	-7.0	1.2	-3.5
	占比	90.9	90.1	96.5	82.9
云南	用电量	72.4	69.4	67.3	68.6
	同比增长	-1.9	-4.1	-3.0	1.9
	占比	60.4	61.7	63.3	57.5
贵州	用电量	36.6	32.0	35.3	30.4
	同比增长	52.5	-12.8	10.3	-13.8
	占比	30.5	28.4	33.2	25.5

数据来源：中国电力企业联合会

云南黄磷行业由于2015年后产量变化不大，行业用电量呈现逐步减少态势，但占全国黄磷用电比重始终在57%以上。2018年，云南黄磷行业用电68.6亿kWh，同比增长1.9%，占全国比重为57.5%，较上年降低5.8个百分点。

贵州黄磷行业2015年之后产量小幅变化，用电量也基本保持窄幅波动，占全国黄磷用电比重维持在25%～33%。2018年，贵州黄磷行业用电30.4亿kWh，同比下滑13.8%，占全国比重为25.5%，较上年减少7.7个百分点。

5.4.2 行业用电预测

2019～2020年，全国涉磷行业，特别是云南、贵州等省行业运行将面临下行压力，行业用电需求预计有所减少。对云南、贵州两省而言，2019年开启的长江“三磷”专项排查整治行动为后续两年化工业的发展奠定了总基调。上半年全国黄磷行业用电增速回落，与上年同期相比接近零增长。预计随着后续整改工作深入实施，行业用电需求还将进一步减弱。

云南省黄磷企业近年来单位产品能耗和电耗均稳步降低，产量相对平稳，预计未来两年，行业平均综合电耗保持在 13 140kWh/t 左右，且由于具备电力成本优势，在行业中的影响权重将进一步提升。预计 2019、2020 年云南黄磷行业用电量分别为 65.7 亿、64.8 亿 kWh，同比分别减少 4.2%和 1.4%。

贵州黄磷企业电力资源不占优势，能源利用率稍低，预计低效产能出清后平均电耗约为 13 500kWh/t，叠加后续环保整治工作影响，生产成本可能进一步上升，行业的影响权重将下降。预计 2019、2020 年贵州黄磷行业用电量分别为 30.1 亿、29.9 亿 kWh，同比分别减少 1.0%和 0.7%。

预计 2019 年，南方五省区黄磷行业用电量约为 95.8 亿 kWh，同比减少 3.2%；2020 年南方五省区黄磷行业用电量约为 94.7 亿 kWh，同比减少 1.1%。2019～2020 年南方五省区黄磷行业用电量预测见表 5-6。

表 5-6　2019～2020 年南方五省区黄磷行业用电量预测　亿 kWh，%

分地区	项目	2018 年	2019E	2020E
南方五省区	用电量	99	95.8	94.7
	同比增长	-3.5	-3.2	-1.1
云南	用电量	68.6	65.7	64.8
	同比增长	1.8	-4.2	-1.4
贵州	用电量	30.4	30.1	29.9
	同比增长	-13.8	-1.0	-0.7

第 6 章

石化[1]行业

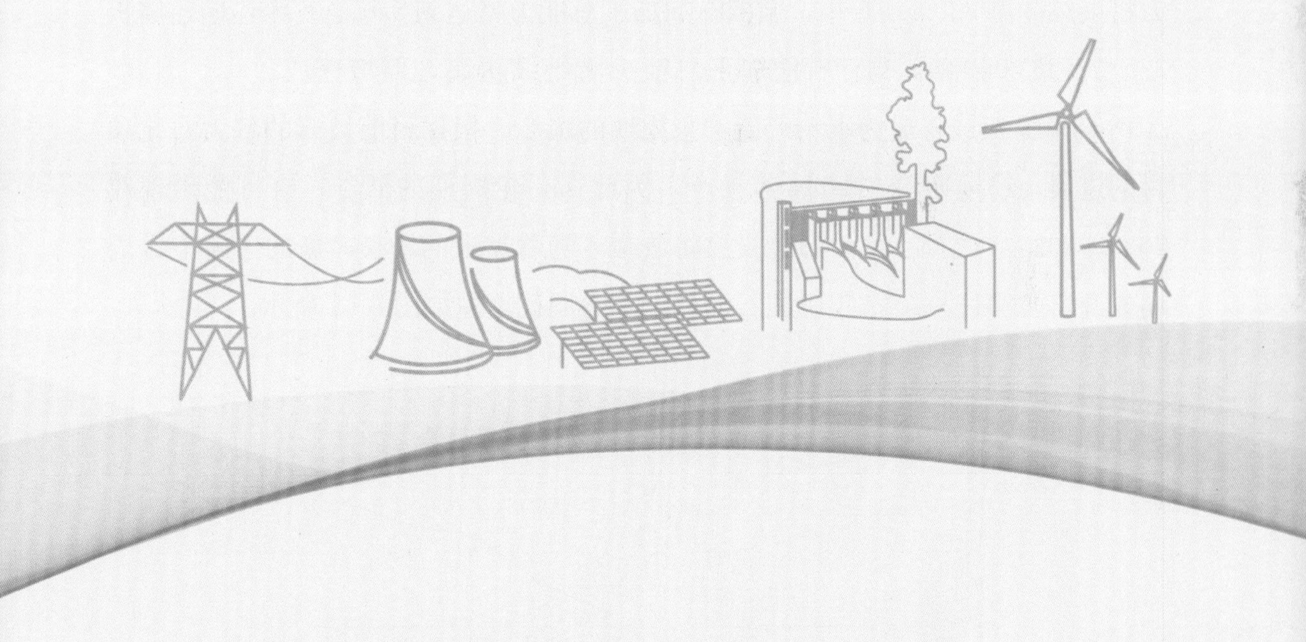

[1] 本报告的石化行业指国民经济行业分类中的石油加工、炼焦和核燃料加工业大类下的精炼石油产品制造业，简称石油加工业。

6.1 行业现状

6.1.1 全国石化行业整体情况

2018～2019 年是本轮产能扩张周期的顶峰。石油化工行业是强周期性行业，本轮周期开始于 2016 年，主要受国际油价回升带动。2017 年石油加工产能达到了 7.7 亿 t/年，同比增长 2.3%。2018 年，在恒力石化项目投产带动下，石油加工产能达到了 8.3 亿 t/年，同比增长 2.8%，增速进一步提高，处于上升周期中。根据中国石油经济技术研究院的预测，2019 年全国原油一次加工能力将继续净增 3200 万 t/年，全国石油加工总能力将达到 8.6 亿 t/年，同比增长 3.9%。到 2020 年，预计石油加工总能力将继续提高，但增速或放缓。因此，2018～2019 年或将成为本轮产能扩张周期的顶峰。根据目前披露的各大石化项目的进展，最远期将在 2024 年投产，因此这一轮周期的低谷，有可能出现在 2023～2025 年之间。此后产能投放将放缓，随着需求的增长，新的一轮上升周期或开启。2010～2019 年中国石油加工能力同比增速如图 6 - 1 所示。

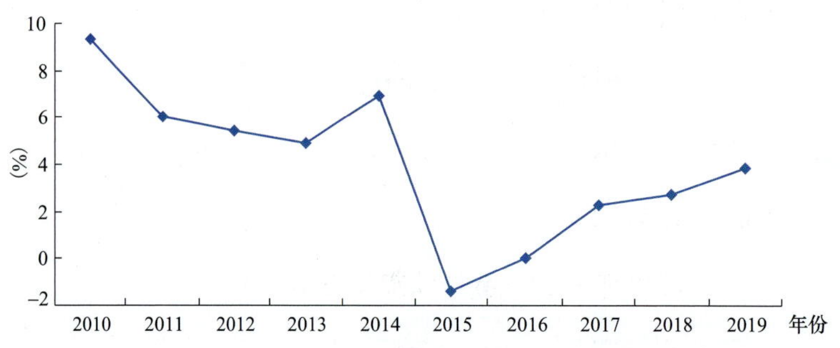

图 6 - 1　2010～2019 年中国石油加工能力同比增速

数据来源：2018 年国内外油气行业发展报告

原油加工量保持增长。受国际油价上涨带动，2018 年我国原油一次加工能力上升到 8.3 亿 t/年，全国炼厂开工率同比上升 1.9 个百分点至 72.9%，原油

加工量保持了2017年以来的增长态势，全年原油加工量6.0亿t，同比增长6.8%，增速较上年同期提高1.8个百分点。2018年开工率低于国际公认的供需平衡水平，处于产能过剩状态。2010～2018年我国原油加工量及同比增速如图6-2所示。

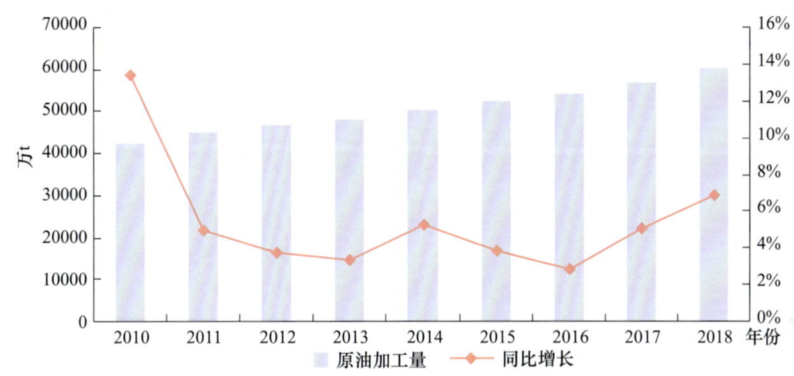

图6-2　2010～2018年我国原油加工量及同比增速

数据来源：国家统计局

原油加工分布在三大产业集群。从2018年原油一次加工量数据来看，山东、辽宁、广东、江苏和浙江位列前五名。山东是我国地炼大省，辽宁大连、盘锦等地是我国传统的石化产业基地，广东拥有茂名、惠州等石化产业基地，产能较高。除新疆和陕西外，前十位的省市均位于沿海地区，形成了环渤海、长三角和珠三角三大产业集群。形成当前格局的原因主要有三点：①靠近原油产区；②靠近大型港口，原油进口方便；③靠近消费地区。2018年我国主要原油加工省份原油加工量见表6-1。

表6-1　2018年我国主要原油加工省份原油加工量　万t，%

省　市	2018年	2017年	同比增长
山东	12 999	11 312	14.9
辽宁	8096	7131	13.5
广东	5886	5176	13.7
江苏	4060	3860	5.2

续表

省　市	2018 年	2017 年	同比增长
浙江	2770	3039	－8.8
新疆	2350	2477	－5.1
上海	2306	2490	－7.4
福建	2140	2084	2.7
陕西	1799	1771	1.6
天津	1663	1587	4.8
广西	1599	1563	2.3
黑龙江	1508	1623	－7.1
河北	1499	1443	3.9
甘肃	1440	1441	－0.1
湖北	1414	1422	－0.5
海南	1060	979	8.2
云南	1010	402	151.3
湖南	949	769	23.3
吉林	919	999	－7.9
北京	911	899	1.4
河南	820	796	2.9
全国	60 357	56 538	6.8

数据来源：中国石油和化学工业联合会

新增产能难抵检修，乙烯产量增长有限。2018 年，我国新增乙烯产能 190 万 t/年，是近年增长较多的一年。但因上海石化、镇海石化、赛科石化、大庆石化、吉林石化、四川石化等企业均有检修计划，全年实际有效新增乙烯供应仅为 70 万 t 左右，处于近年低位，国内裂解产量几乎没有增长。2018 年乙烯产量为 1841 万 t，同比仅增长 1.0%，增速较上年同期下降 1.4 个百分点。2010～2019 年乙烯产量及同比增速如图 6 - 3 所示。

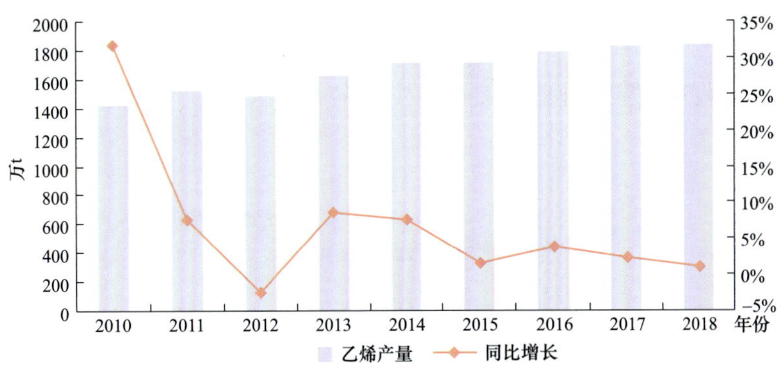

图6-3 2010～2019年乙烯产量及同比增速

数据来源：国家统计局

近两年产能增长停滞，PX供不应求。由于近年来国内产能投放力度较小，PX[1]的产量增长缓慢。2018年，PX产量为1010万t，同比增长1.0%。2010～2018年我国PX产量和同比增长如图6-4所示。

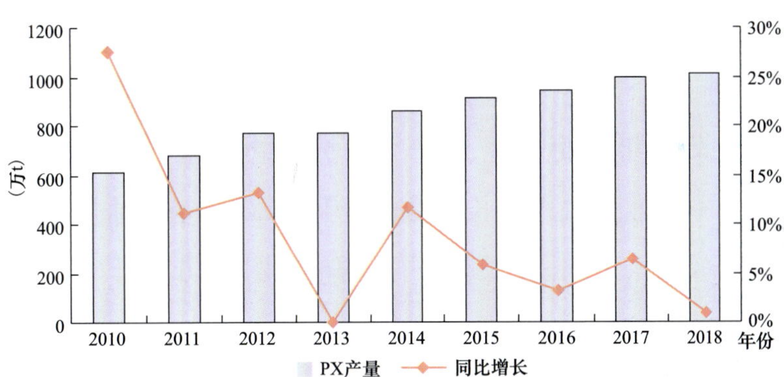

图6-4 2010～2018年我国PX产量和同比增长

数据来源：万得资讯（Wind）

紧跟国际油价，前期大涨年末大幅下挫。2018年上半年，受原油价格上涨、环保督察持续趋严等带动，石油加工业出厂价格指数持续上扬，在10月达到年内高位。10月后，各产油国增产以及消费预期低迷导致国际油价达到顶点后迅速调头向下，石化价格指数步入下行通道。12月末，石油加工业产品出厂

[1] PX学名“对二甲苯”，是石油化工产品，为化纤、纺织工业的重要原材料。

价格指数跌至 105.7 点，接近 2016 年 10 月的水平。2017、2018 年石化产品出厂价格指数（当月）如图 6-5 所示。

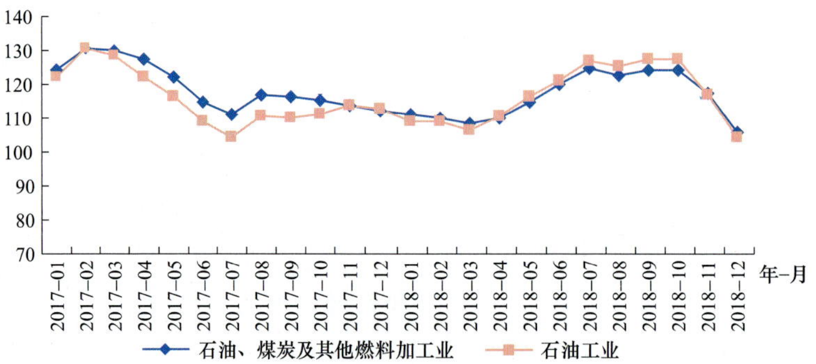

图 6-5　2017、2018 年石化产品出厂价格指数（当月）

注：上年同月=100。数据来源：国家统计局

营收和利润保持快速增长。2018 年是近年来石化业业绩最好的一年。全年，石油加工、炼焦及核燃料业主营业务收入约 46 297 亿元，同比增长 21.2%，增速较同比下降 2.7 个百分点。全年行业实现利润总额 2271 亿元，同比增长 10.7%，较上年同期回落 16.3 个百分点。增速下滑主要是由于主营业务成本增长快于主营业务收入增长所致。2010～2018 年石油加工、炼焦和核燃料加工业主营业务收入、利润总额及同比增速如图 6-6、图 6-7 所示。

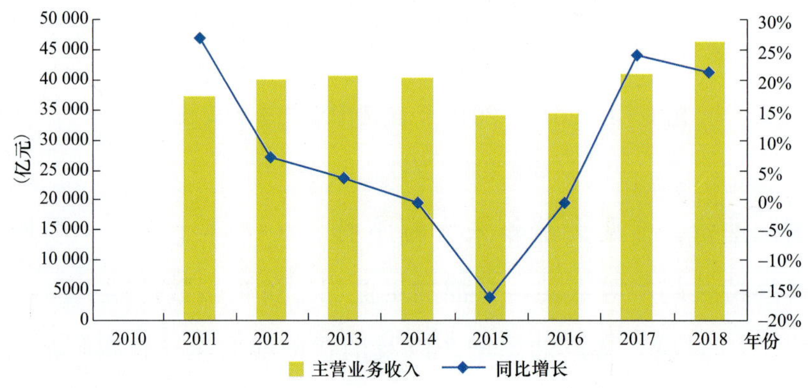

图 6-6　2010～2018 年石油加工、炼焦和核燃料加工业主营业务收入及同比增速

注：2010 年数据未公布。数据来源：国家统计局

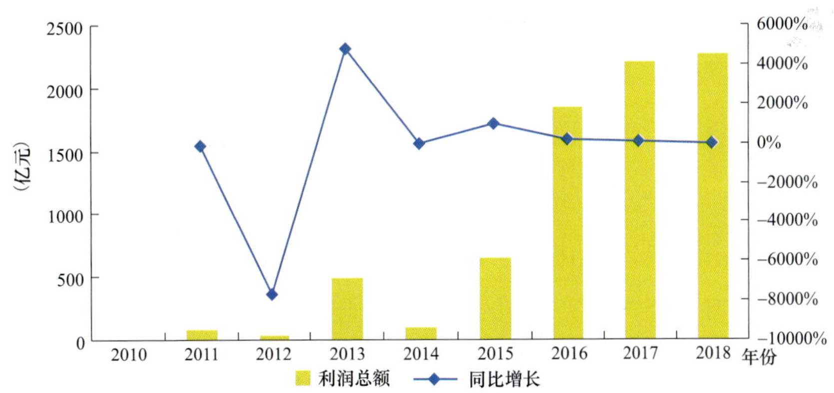

图 6－7　2010～2018 年石油加工、炼焦和核燃料加工业利润总额及同比增速

注：2010 年数据未公布。数据来源：国家统计局

进口额增速下滑，出口额高速增长。2018 年，随着国内成品油供给增加，对成品油的进口需求进一步减弱。但国内沿海地区新增的石脑油裂解装置、丙烷脱氢装置等石化装置较多，对石脑油、液态丙烷等产品的需求较大。综合来看，全年石油制品进口金额为 360 亿美元，同比增长 25.7%，增速较上年同期下降 18.1 个百分点。由于我国目前石油加工产能大幅增长，出口成为化解成品油过剩的重要途径。2018 年，我国石油制品出口额为 384 亿美元，同比增长 39.4%，增速较上年同期增长 9.1 个百分点。2010～2018 年我国原油加工和石油制品行业进出口额及同比增速如图 6－8 所示。

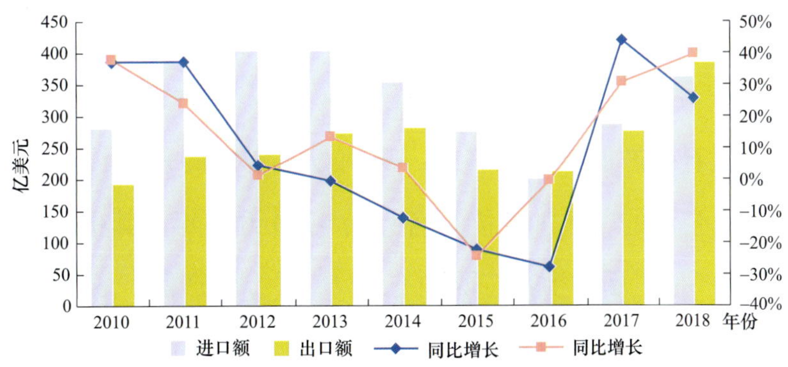

图 6－8　2010～2018 年我国原油加工和石油制品行业进出口额及同比增速

数据来源：中国石油和化学工业联合会

全年固定资产投资转好，同比增长 10.1%。2018 年上半年，重大项目建设停滞，环保督察严格，上合峰会等导致山东地区停产限产，对石化业固定资产投资带来负面影响。下半年以来，一方面成品油质量升级加快，成品油加工装置改造支出加大，另一方面一系列稳经济的政策出台对石油行业固定资产投资发挥了积极作用，以恒力石化、浙江石化为代表的民营大型石油加工项目建设进度加快，带动固定资产投资稳步回升。全年石油加工、炼焦和核燃料加工业固定资产投资同比增长 10.1%，增速较上年同期转负为正。2010～2018 年石油加工、炼焦和核燃料加工业投资及同比增速如图 6-9 所示。

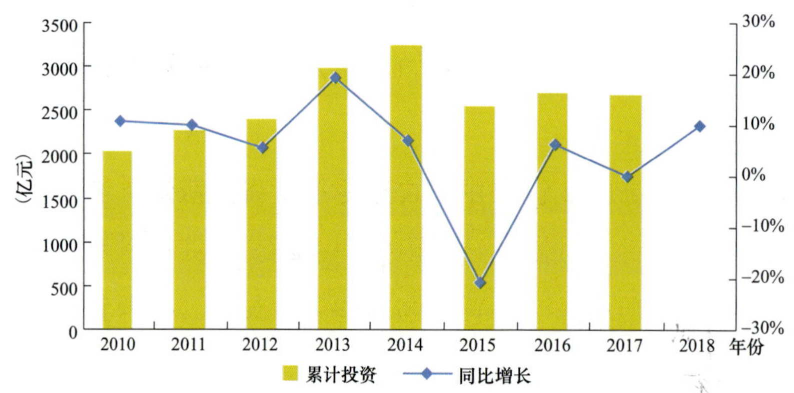

图 6-9　2010～2018 年石油加工、炼焦和核燃料加工业投资及同比增速

注：2018 年以后固定资产投资额不再公布。

数据来源：国家统计局

6.1.2　南方五省区石化行业运行情况

南方五省区石化产能集中在广东。从南方五省区的重点石油化工企业情况来看，七大石化企业的一次加工能力合计为 9160 万 t/年。其中，广东省占据了 60%的份额，为 5520 万 t/年，广西拥有 1640 万 t/年产能，云南和海南分别拥有 1000 万 t/年产能。从集团来看，中石化拥有最大的产能，为 4960 万 t/年，中石油拥有 2000 万 t/年，中海油拥有 2200 万 t/年。南方五省区重点石油化工企业产能情况见表 6-2。

表 6-2　　南方五省区重点石油化工企业产能情况　　万 t

省　份	企业	一次加工能力	乙烯产能	PX 产能	所属集团
广东	广州石化	1320	22	—	中石化
	茂名石化	2000	110	—	中石化
	惠州石化	2200	220	95	中海油
广西	广西石化	1000	—	—	中石油
	北海炼化	640	—	—	中石化
云南	云南石化	1000	—	—	中石油
海南	海南炼化	1000	—	65	中石化

数据来源：根据公开资料整理

南方五省区原油加工量占全国比例相对较低。广东、广西、云南、海南 2018 年原油加工量分别为 5886 万、1599 万、1010 万、1060 万 t，合计为 9554 万 t，占全国比例为 15.8%。目前，南方五省区的石油加工能力与消费水平相比仍然偏低，静态缺口在千万吨左右。

南方五省区以生产成品油为主。2018 年，南方五省区的炼厂主要以生产成品油为主，拥有乙烯装置的只有广东省，拥有 PX 装置的有广东和海南，乙烯和 PX 的产能均不大。其中，云南石化于 2017 年夏季正式投产，2018 年满负荷运行，带动 2018 年云南省成品油产量大涨 201.6%。广东中海油惠州二期于 2017 年 4 月投产，2018 年广东成品油产量上涨 18.3%。2018 年南方五省区成品油、乙烯和 PX 产量见表 6-3。

表 6-3　　2018 年南方五省区成品油、乙烯和 PX 产量　　万 t，%

省份	成品油		乙烯		PX	
	2018 年	同比增长	2018 年	同比增长	2018 年	同比增长
广东	3586	18.3	299	20.6	约 100	—
广西	1230	0.9	—	—	—	—
海南	680	15.7	—	—	约 68	—

续表

省份	成品油		乙烯		PX	
	2018 年	同比增长	2018 年	同比增长	2018 年	同比增长
云南	850	201.6	—	—	—	—
贵州	—	—	—	—	—	—

数据来源：中国石油和化学工业联合会

尽管从全国来看石油加工产能已经过剩，但南方五省区石油加工能力与其经济发展和人口总量还不匹配，同时区位优势明显，可辐射东南亚等地，因此发展空间仍然广阔。未来多个石化项目将落户南方五省，重点在广东省，南方五省石油加工能力总和将接近 1.4 亿 t。

6.2 行业发展

6.2.1 行业政策及影响

当前我国石化产业面临着产能过剩、产业结构不合理诸多问题。短期来看，政策将继续鼓励石化行业加大投资，发挥对稳投资、稳增长的重要作用，长期来看，政策将聚焦行业高质量发展，推进行业绿色化、集成化、智能化，在控制总量的同时，优化产业布局，重点发展高性能材料，进一步加大对民企和外企的开放。

以投资带动供给结构优化，加快推进重大项目建设。石化行业是重要的工业部门，但当前部分地区和部分品类上还存在供给短板。2019 年以来，沙特阿美、巴斯夫、埃克森美孚等外资投资的石化项目进展迅速。2019 年我国宏观经济下行压力依然较大，石化行业重大项目建设在稳增长、稳投资等方面具有重要作用。因此，预计政策对于石化业重大项目投资建设的支持力度将持续加大。

坚持总量控制，淘汰落后产能。当前我国石化产业处于新一轮的产能扩张周期中。在供给和需求基本平衡的条件下，要坚持上大压小、淘汰落后，把我国石油加工行业总产能动态控制在一个合理的范围之内。根据 2019 年 11 月国家发改委发布的《产业结构调整指导目录（2019 年本）》，对常减压装置、催化裂化装置、石脑油裂解制乙烯装置等的规模要求有了进一步提高。预计今后我国石化产业政策将继续坚持推进行业向集约化、规模化、高质量方向发展。

对于存量产能，此前官方口径均为淘汰一次加工能力在 200 万 t/年以下装置，《产业结构调整指导目录（2019 年本）》也没有调整这一门槛，但地炼大省山东在 2018 年提出的整合方案中将地炼生存门槛直接提升至 300 万 t/年，并且到 2025 年，山东地炼“入门级别”将提高到 500 万 t/年。可见，不断提高生存门槛也将成为未来石化行业的趋势。在总量控制的背景下，淘汰落后产能才能给新建的大型炼化一体化项目提供更多空间。

突出创新驱动，发展高端石化产业。当前我国石化产业“低端产能过剩，高端供给不足”的结构性矛盾尚未根本扭转，化工新材料、专用化学品以及一些石化过程用的催化剂、特种助剂等特种化学品，国内市场长期处于供给不足的状态，有的甚至严重依赖进口，这是石化产业转型升级和结构性优化的现实需求，也是未来高质量发展的机遇所在。李克强总理在国务院常务会议上特别强调：要加强统筹规划、科学论证、合理布局，推动石化产业加快转型升级、增强国内保障能力。未来两年预计将在加大创新驱动战略实施力度，加强创新体系建设，全面提升石化行业的创新能力和效率方面出台相关政策。

6.2.2　全国石化供需形势预测

燃料消费低迷，化工原料消费增长。从需求侧看，成品油等燃料的消费持续走弱。一方面，受国内经济下行压力加大影响，柴油消费继续低迷。另一方面，汽车销量在 2019 年进入同比下滑区间，汽油消费维持中低速增长。预计

2019年我国成品油表观消费量约3.0亿t左右，同比下滑7.2%，降幅较上年扩大6.5个百分点。中长期来看，随着稳增长等宏观政策发挥作用，国六排放标准正式实施后汽车市场或将有所回暖，有利于成品油消费增长。但在油耗降低以及清洁能源的替代效应作用下，我国成品油消费将保持低速增长态势。预计2020年我国成品油消费量为3.0亿t，同比增长0.5%。

随着国内化工行业补短板，石化行业向下游转型，下游产能也将迅速扩大，对乙烯的需求量将大幅增加。预计2019年我国乙烯表观消费量将升至2401万t左右，同比增长约14.4%。长期来看，由于消费习惯改变，包装行业、汽车行业对合成树脂的需求产生新的变化，将给中国聚烯烃产业的高速、高端发展带来更大契机。预计2020年我国乙烯表观消费量将升至2778万t左右，同比增长约15.7%。

随着我国聚酯工业的快速发展，对PTA[1]的需求仍然强劲，将带动PX产能持续增长。尽管2019年我国PTA新增产能的速度有所缓和，但随着新凤鸣集团220万t/年PTA项目在2019年年底达产，将带动2020年PX的新增需求快速增长。因此，预计2019年PX总需求量约2900万t，同比增长11.5%，2020年PX总需求量将达到3200万t，同比增长10.3%。2019～2020年石油消费预测见表6-4。

表6-4　　2019～2020年石油消费预测

消费领域	2018年	2019E	2020E
成品油（亿t）	3.2	3.0	3.0
同比增长（%）	-0.7	-7.2	0.5
乙烯（万t）	2099	2401	2778
同比增长（%）	3.0	14.4	15.7
PX（万t）	2601	2900	3200
同比增长（%）	6.6	11.5	10.3

[1] PTA学名“精对苯二甲酸”，其核心原料为PX。

石油加工产能进一步释放，原油加工量稳定增长。2019 年国内石油加工产能将加速释放，据估算，2019 年全国原油一次加工能力将净增 3200 万 t/年，全国石油加工总能力将达到 8.6 亿 t/年，同比增长 3.9%。在石油加工产能大幅增长的带动下，预计 2019 年原油加工量约 6.3 亿 t 左右，同比增长 5.1%。2019～2021 年我国原油累计加工量及同比增速预测如图 6-10 所示。

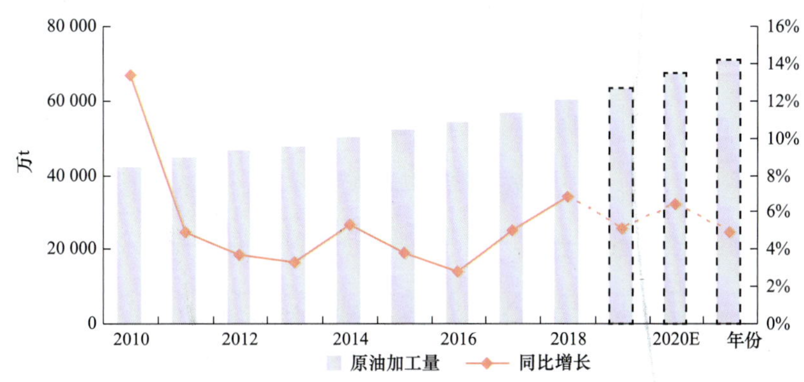

图 6-10　2019～2021 年我国原油累计加工量及同比增速预测

数据来源：国家统计局

乙烯产能继续增长，产量增速继续提升。2018 年投产的乙烯装置将在 2019 年释放产量，另外，2019 年还有九泰能源、康奈尔等甲醇制烯烃装置，以及浙江石化、中科炼化等石脑油裂解项目有望在年内投产，烯烃产能预计将会大幅增加。预计 2019 年全年乙烯产量约 2067 万 t 左右，同比增长 12.3%，增速较上年同期提高 11.3 个百分点。2019～2021 年我国乙烯产量及同比增速预测如图 6-11 所示。

PX 产能高速增长，产量有望大幅增加。2019 年，我国将新增 PX 装置 4 套，重启 PX 装置 1 套，新增 PX 产能 1170 万 t/年。到 2019 年末，PX 总产能有望达到 2563 万 t/年，2019 年也将成为我国 PX 发展史上新增产能最多的一年。其中，最为瞩目的是恒力石化和浙江石化两个民营炼化一体化项目带来的 850 万 t/年产能。其中恒力石化 PX 装置已投产，浙江石化 400 万 t/年产能预计在第四季度释放。到 2019 年末，民营产能占比将从当前的 22%提升至 45%，

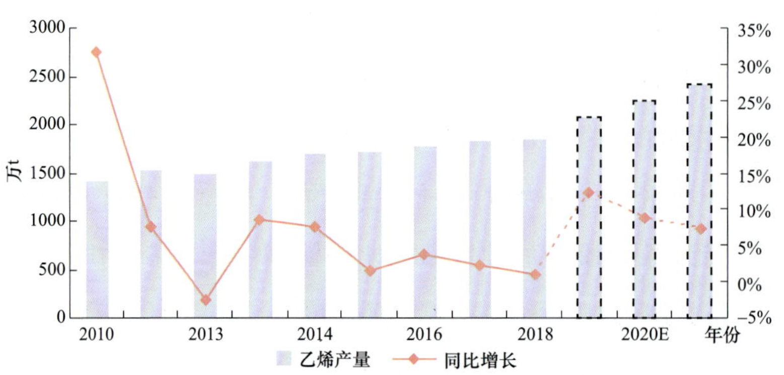

图 6 - 11　2019～2021 年我国乙烯产量及同比增速预测

数据来源：国家统计局

成为 PX 市场的重要力量。由于 PX 产能投放集中在下半年，因此产量增长滞后于产能增长，预计 2019 年 PX 产量将达到 1500 万 t，同比增长 20%。国内 PX 装置 2019 年产能投放计划见表 6 - 5。

表 6 - 5　　国内 PX 装置 2019 年产能投放计划　　万 t

公　司	产能	地点	投产时间	备注
恒力石化	450	大连	4 月	已投产
中化弘润	80	潍坊	7 月	新增 20 万 t，延迟可能性较大
海南炼化二期	100	海南	9 月	6 月试车，9 月投产
东营联合石化	200	东营	四季度	先投放一条线，产能 100 万 t
浙江石化项目一期	400	舟山	年底	—
总计				1170

数据来源：卓创资讯

6.2.3　南方五省区石化产量预测

（一）广东

建设惠州、湛江、茂名、揭阳四大炼化一体化基地。广东是沿海石化大省，产业基础雄厚，具有发展石化业的优良条件，惠州为国家发改委印发的

《石化产业规划布局方案》中七大石化产业基地之一。广东省地缘优势突出，毗邻广袤的北部湾腹地和东南亚市场，战略纵深更广阔，辐射和带动产业发展的后劲更足。《粤港澳大湾区发展规划纲要》中提出，“做强做精”石化等优势产业，培育壮大新材料等战略性新兴产业，为广东石化产业的高质量发展提供最强有力的政策红利和市场带动。《广东省沿海经济带综合发展规划（2017～2030 年）》提出了建设绿色高端的沿海临港重化产业带，依托港口资源优势，加快建设惠州、湛江、茂名、揭阳四大炼化一体化基地。

根据规划，到 2024 年，广东省原油加工产能新增 4000 万 t/年，增幅为 72.5%，乙烯产能新增 570 万 t/年，增幅为 162%，芳烃新增 260 万 t/年。广东省重点石油化工项目规划见表 6 - 6。

表 6 - 6　　广东省重点石油化工项目规划　　万 t

省份	企业	地址	一次加工能力	乙烯	芳烃	投产时间	所属集团
广东	中委石化	揭阳	2000	120	260	2021	中石油和委内瑞拉国家石油公司合资
	中科炼化	湛江	1000	80	—	2019～2020	中石化与科威特国家石油有限公司合资
	中海油/壳牌惠州三期	惠州	1000	150	—	—	中海油和壳牌合资
	巴斯夫新型一体化基地	湛江	—	100	—	—	巴斯夫独资
	埃克森美孚化工综合体项目（一期）	惠州	—	120	—	2023	埃克森美孚独资
合计			4000	570	260		

（二）广西

重点建设钦州石化产业园。近年来，广西推进石油加工行业向炼化一体化转变，加快形成上下游一体化的沿海现代化工产业体系，以提高产业综合竞争力为主攻方向，以钦州、北海、防城港为核心，构建国家级石化产业集聚区和国际知名的石化产业承接地和集中区。其中钦州石化产业园发展较为迅速。根据 2017 年发布的《广西钦州石化产业园总体发展规划（修编）》，钦州石化产业园的原油加工能力将从目前的 1000 万 t/年增长到 2000 万 t/年，烯烃规模达 400 万 t/年、芳烃规模达 200 万 t/年，产品品种进一步丰富。

根据规划，到 2024 年，广西乙烯产能新增 120 万 t/年，芳烃新增 280 万 t/年。广西重点石油化工项目规划见表 6 - 7。

表 6 - 7　　广西重点石油化工项目规划　　万 t

省份	企　业	地址	一次加工能力	乙烯	芳烃	投产时间	所属集团
广西	桐昆钦州芳烃项目（一期）	钦州	—	—	280	2022	桐昆股份
	广西石化石脑油制乙烯及下游项目	钦州	—	120	—	2024	中石油
合计				120	280		

（三）云南

云南暂无新增石化规划。随着云南石化达产，云南石化二期也开展前期调研工作，预计将会是百万吨乙烯项目。鉴于云南较为脆弱的生态环境和消费能力，后期大幅提高石油加工产能的可能性不大。

（四）海南

聚焦绿色、安全发展。根据 2018 年国务院发布《关于支持海南全面深化改革开放的指导意见》，海南石化业主要聚焦绿色、安全发展。因此，原油加工能力提升的空间不大，建设重点集中在洋浦经济技术开发区海南炼化二期。海南炼化二期预计增加石油加工产能 500 万 t/年，乙烯产能 100 万 t/年，芳烃产能 100 万 t/年。其中，芳烃产能预计在 2019 年年内投产。

南方五省区石化产量稳步上升。原油加工方面，虽然广东中科炼化将在 2019 年年底投产，但其满负荷运行在 2020 年以后；因此预计 2019 年南方五省区将保持 2018 年的原油加工量规模，即 9554 万 t 左右；2020 年，中科炼化 1000

万 t 原油加工产能释放 50%，预计原油加工量超过 1 亿 t。乙烯方面，南方五省区 2019 年暂无乙烯装置投产，但产能利用率提高，因此预计乙烯产量增加至 350 万 t 左右；2020 年，中科炼化 80 万 t 乙烯产能投产之后，按照 50%的产出估算，预计乙烯产量达到 390 万 t。PX 方面，海南炼化二期 100 万 t 产能 2019 年 9 月顺利投产，预计四季度将释放 25 万 t 产量，加上海南炼化 65 万 t 和惠州石化 100 万 t 的产量，预计 2019 年南方五省区 PX 产量最多为 190 万 t；2020 年，海南炼化满产后，PX 产量将达到 265 万 t。2019～2020 年南方五省区石化产量预测见表 6 - 8。

表 6 - 8　　2019～2020 年南方五省区石化产量预测　　万 t，%

种类	2018 年		2019E		2020E	
	产量	同比增长	产量	同比增长	产量	同比增长
原油	9554	17.7	9554	0	10 054	5.2
乙烯	299	20.6	350	17.1	390	11.4
PX	168	—	190	13.1	265	39.5

6.3　南方五省区石化行业与电力的关系

6.3.1　行业生产电耗

石化行业单位产品电耗较低。根据南方五省区重点炼厂 2018 年的耗电量和加工能力，其平均吨油电耗为 78.8kWh/t，部分节电较为优秀的企业电耗低至 40kWh/t。

6.3.2　行业用电价格及电力成本分析

云南电价相对低廉，广东、广西、海南行业电价居中游水平。云南电力资源丰富，石化行业电价在南方五省区中最低，约为 0.36 元/kWh。广东、广西和海南石化行业电价高于 0.50 元/kWh；其中，海南行业电价相对较高，超过 0.60 元/kWh。各省石化企业用电价格均呈下降趋势。

原油成本是石化行业的最主要成本，能源成本占比为 5%左右。石油化工行业的成本中，原油成本占比在 90%以上，加工成本在 10%左右。能耗成本一般占加工成本的 50%左右。能耗成本中，电耗占比因石油加工装置而异，常减压装置中电耗占能耗的比例约为 15%，催化裂化装置为 13%～17%，连续重整装置达 42%左右。目前，主流炼厂中常减压装置和催化裂化装置为核心装置，因此炼厂总电耗占总能耗的比例约为 15%。与原油 3000 元/t 的成本相比，电力 20～60 元/t 的费用在整个成本中占比较低。因此，石化工厂的选址更多看重港口位置、消费能力等方面，对电力成本考虑较少。尽管吨油电耗不高，由于石化项目体量巨大，单个项目的用电量仍非常可观。

6.4 南方五省区石化行业电力消费

6.4.1 行业用电现状

南方五省区石油化工行业用电量 134 亿 kWh，占全国的比例为 14.5%，呈逐年增长趋势。2018 年，根据原油加工量估算全国石油化工行业用电量约为 921 亿 kWh，同比增长 8.1%。南方五省区石油化工行业用电 134 亿 kWh，同比增长 18.6%，较 2017 年提高 7.0 个百分点，占全国的比重升至 14.5%。2015～2018 年全国及南方五省区石油化工行业用电情况见表 6 - 9。

表 6 - 9　2015～2018 年全国及南方五省区石油化工行业用电情况　亿 kWh，%

分地区	项目	2015 年	2016 年	2017 年	2018 年
全国	用电量	780	836	853	921
	同比增长	8.5	7.2	2.0	8.1

加大对公众的宣传、再生资源产业的立法和减税等政策扶持力度，优化产品供给结构。

（四）延伸和完善产业链，推动产业转型升级

纵观发达国家工业发展历程，美国、日本、德国等国家在20世纪60～80年代均经历了原材料工业转型升级，其主要做法是加强政府的规划引导，延伸产业链，发展新兴产业和注重科技创新。对我国来说，一方面，有条件的企业可以向上游能源生产进行延伸，实现产业与煤炭、电力一体化发展的产业链组合，降低生产成本。另一方面，国际上高端制造业对铝材、钢材、石化、化工产品的需求潜力巨大。电解铝、钢铁、化肥等产业需加快延长到深加工领域，提高产品附加值，推动产业转型升级。

续表

分地区	项目	2015 年	2016 年	2017 年	2018 年
南方五省区	用电量	97.5	99.7	113	134
	同比增长	11.9	2.3	11.6	18.6
	占比	12.5	11.9	13.3	14.5
广东	用电量	53.6	63.0	71.0	84.4
	同比增长	2.0	17.5	9.5	18.8
广西	用电量	21.4	14.6	16.0	16.8
	同比增长	76.6	−31.5	9.3	4.8
云南	用电量	6.8	8.6	12.6	19.9
	同比增长	−24.4	26.1	47.1	57.3
贵州	用电量	2.5	2.3	2.6	2.2
	同比增长	−6.7	−9.8	17.9	−15.6
海南	用电量	13.2	11.3	10.8	10.8
	同比增长	22.4	−14.5	−2.2	0.1

注　2017～2018 年全国行业用电为估算数据。
数据来源：中国电力企业联合会

广东、云南石油化工行业用电增长较快，广西、海南保持平稳增势。2018 年广东石化行业用电量为 84.4 亿 kWh，同比增长 18.8%，增速较上年加快 9.3 个百分点，占全国用电量比例为 9.2%。广西石化行业用电有所放缓，2018 年用电量为 16.8 亿 kWh，同比增长 4.8%，增速较上年下降 4.4 个百分点，占全国用电量比例为 1.8%。云南石化行业用电高速增长，全年用电量为 19.9 亿 kWh，同比增长 57.3%，增速较上年提高 10.2 个百分点，占全国用电量比例为 2.2%。海南石油化工行业用电保持平稳，行业用电量为 10.8 亿 kWh，同比增长 0.1%，增速较上年转负为正，占全国用电量比例为 1.2%。

6.4.2　行业用电预测

广东：广东石油化工行业基础雄厚，未来发展前景良好。中科炼化 2019 年底投产后，广东省 2020 年原油加工量将增加约 500 万 t，预计 2019、2020 年广东石油化工行业用电量分别为 91.9 亿 kWh 和 107 亿 kWh。

海南： 2019 年海南新增一条 100 万 t/年的 PX 生产装置，预计增加产量 25 万 t，新增用电 0.2 亿 kWh。2020 年全部达产后，预计新增用电 0.8 亿 kWh。因此，预计 2019、2020 年海南石油化工行业用电量分别为 11 亿、11.6 亿 kWh。

桂滇黔： 2019 年和 2020 年，预计上述三省无炼厂投产，整体用电量保持平稳增长态势。

综合来看， 2019 年南方五省区石油化工行业用电量约为 143 亿 kWh，同比增长 6.5%；2020 年用电量为 160 亿 kWh，同比增长 12.3%。2019～2020 年南方五省区石油化工行业用电量预测见表 6 - 10。

表 6 - 10　2019～2020 年南方五省区石油化工行业用电量预测　亿 kWh，%

分地区	项目	2018 年	2019E	2020E
南方五省区	用电量	134	143	160
	同比增长	18.6	6.5	12.3
广东	用电量	84.4	91.9	107
	同比增长	18.9	8.9	16.4
广西	用电量	16.8	17	17.9
	同比增长	5.0	1.2	5.3
云南	用电量	19.9	20.6	21.4
	同比增长	57.9	3.5	3.9
贵州	用电量	2.2	2.2	2.3
	同比增长	-15.4	0.0	4.5
海南	用电量	10.8	11	11.6
	同比增长	0.0	1.9	5.5

第7章

建 议

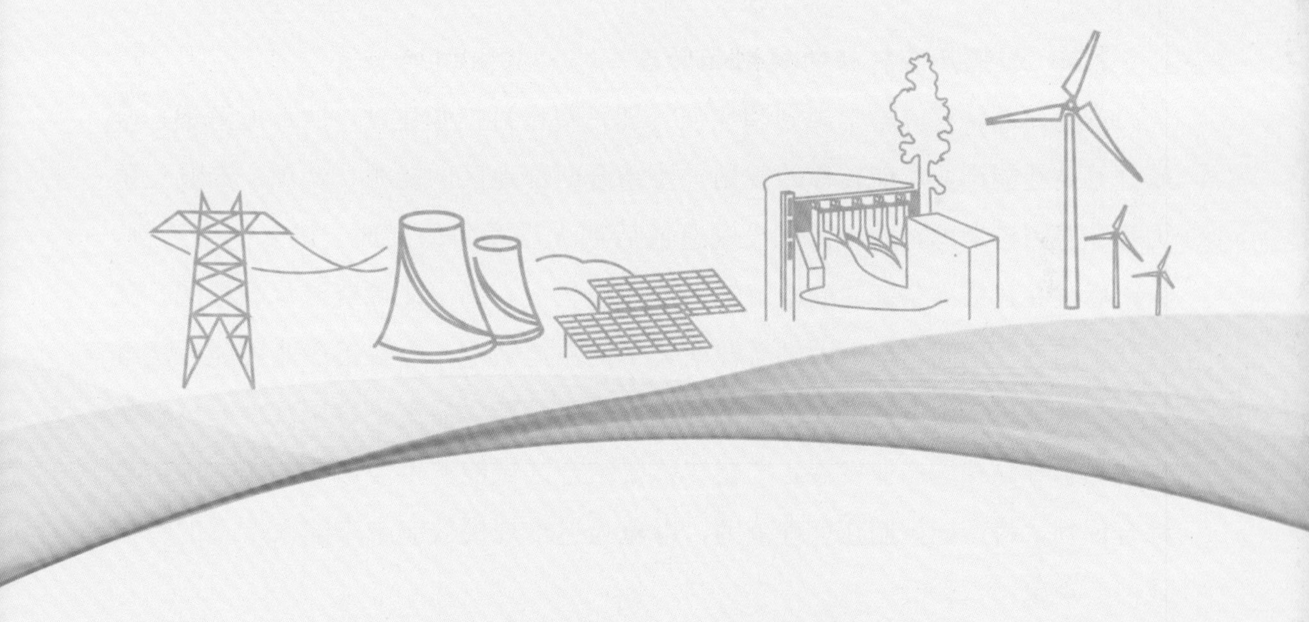

（一）尽快落实高载能产业产能总量控制的目标任务

目前，我国只有钢铁、煤炭和煤电等少数行业有去产能上限值，其他行业的去产能仅仅是针对落后、违规产能。近两年，电解铝、水泥、钢铁等行业内出现了利用产能置换办法投资新建项目的倾向，产能置换办法的实施未能解决压减过剩产能问题。建议化解过剩产能要坚持总量控制，将产能压减至科学合理范围。一是对高载能产业，国家层面尽快制定科学合理的去产能方案（不仅限于化解落后违规产能），明确各省、各企业产能压减目标及任务，强化任务落实。二是合理调控对高载能项目的投资力度，让土地、金融、财政、环保几道闸门真正发挥作用。三是落实国家的电价政策，通过市场来调节行业产能。防止以“低电价”变相鼓励、无序扩张高耗能产业，成为国家调结构促转型的阻碍。

（二）加强产能转移的规划和管理

产能西部转移应科学规划和加强管理，勿盲目扩张建设。西部电解铝、金属硅等高耗能产业产能转移的规划，要结合西部地区的能源、资源、产业竞争力等综合因素考虑，防止盲目投资造成后期无序竞争的局面。以云南省为例，云南后续在建或准备新建的电解铝产能规模较大，超出能源资源承载范围。随着“十四五”期间全国电力供需转向紧平衡甚至缺电，电解铝产业可能无法继续享受低电价，生产成本与铝价倒挂也并非不可能，后市不容乐观。建议科学支持和引导高载能产业发展，产能转移要结合区域能源供需形势和成本优劣势综合评判，将产能控制在合理范围，以免为追求规模效应未来陷入严重的亏损或停产现象。

（三）大力发展再生金属产业，加快产品供给结构转型

再生金属产业具有对资源、能源的消耗低，对环境污染少等优势，是未来重要的发展方向，也是国家工业化发展到一定阶段的必然选择。工业发达国家普遍重视再生金属产业，再生金属循环使用比率高。2017年我国再生金属产量占原生产量的比例不到20%，再生金属产业未受到应有的重视。建议国家层面

附录 1　再生铝产业对铝工业用电的影响分析专题

1.1　再生铝产业发展现状

我国再生铝产量逐年增长，但占铝产量的比重不断下降。近年来，我国铝消费市场发展迅速，再生铝产量保持增长态势，从 2010 年的 400 万 t 增至 2018 年的 695 万 t，但是再生铝产量占铝产量的比重从 2010 年的 20.4%下降至 2018 年的 16.2%。2010～2018 年我国再生铝产量及同比增速如附图 1-1 所示。

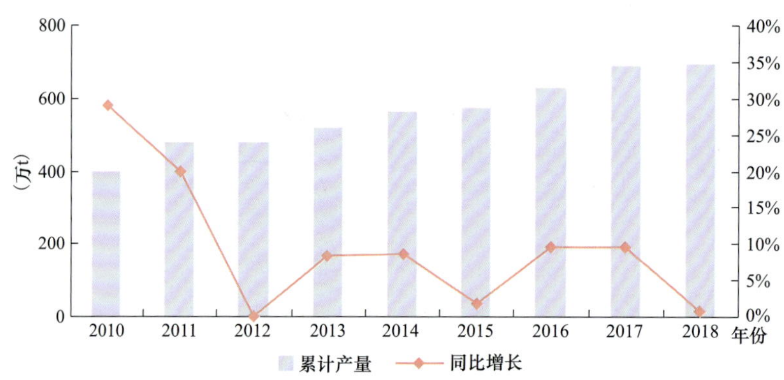

附图 1-1　2010～2018 年我国再生铝产量及同比增速

数据来源：中国有色金属工业协会再生金属分会

发达国家再生铝比例远高于国内水平。2018 年，全球再生铝产量达 1606 万 t，再生铝占铝产量的比重达 20.0%。其中，美国、日本、德国等发达国家再生铝产量占比分别为 70.9%、76.0%和 53.0%，显著高于国内水平。

行业集中度低，产业整合加速。我国再生铝行业企业数量众多，主要以民营和外资（合资）企业为主，行业集中度较低，其中生产规模在 10 万 t 以上的仅约 30 家左右。从地区分布上看，由于我国再生铝行业发展初期，原材料主要依靠进口，因此企业集中在沿海口岸地区，逐渐形成了长三角、珠三角和环渤海地区三个产业聚集区。2018 年，我国再生铝产能已经超过 1000 万 t，前六家

再生铝企业合计产能占总产能的 34.4%。

汽车、电动车等是再生铝消费主要领域。再生铝的下游应用与原铝基本相同，主要有汽车、摩托和电动车、建材、电子等领域，但由于我国再生铝行业产品以铸造铝合金为主，目前再生铝下游应用集中在汽车等领域，在铝罐、包装铝箔等领域占比较低。其中汽车、摩托车和电动车在整个下游消费中占比达 73%，是再生铝铸造合金主要的消费领域。我国再生铝铸造合金的消费结构如附图 1-2 所示。

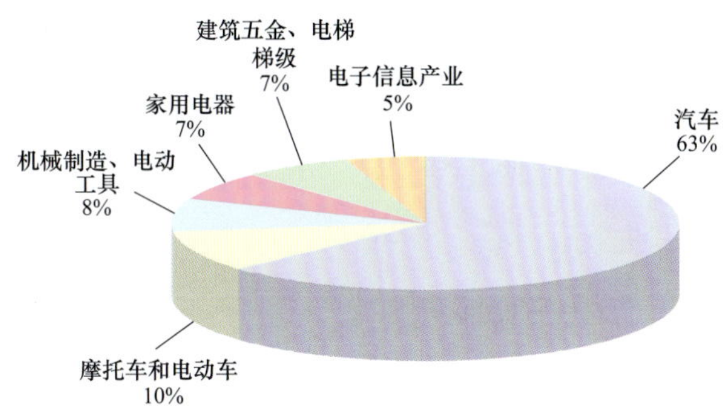

附图 1-2　我国再生铝铸造合金的消费结构

数据来源：安泰科

进口废铝下降，国内废铝成主要来源。近年来，我国进口废铝的数量一直保持在 200 万 t 上下，随着国内废铝资源趋于增多，进口废铝的占比不断下降。2018 年，我国进口废铝 156.5 万 t，同比下降 27.9%。从趋势上看，国内废料将逐渐成为我国再生铝行业的主要原料来源。2010～2018 年我国废铝进口量及同比增速如附图 1-3 所示。

1.2　再生铝对铝工业发展的影响

(1) 电解铝产能扩张带来的弊端。

过去的投资高增长模式推动了电解铝产能扩张。一方面，在投资拉动经济增长的传统模式下，各地通过优惠条件吸引鼓励电解铝企业投资，导致产能盲目扩张。另一方面，当电解铝企业面临亏损时，为了防止企业停产或者外迁，

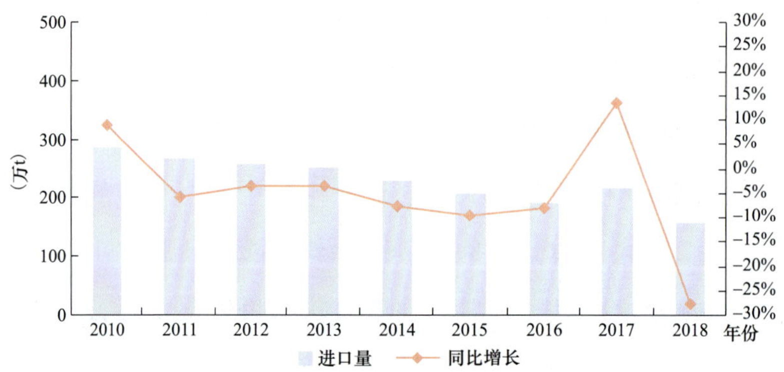

附图 1-3　2010～2018 年我国废铝进口量及同比增速

数据来源：海关总署

对电解铝企业实行电价补贴，使不少铝厂得以维持运营，阻碍了电解铝企业的退出，加重了行业供需失衡。

电解铝的产能扩张造成资源环境压力。由于行业的高载能特性，因此电解铝产能的严重过剩使得我国资源环境的压力日益增加。特别是近两年来，电解铝产能向西部快速转移，造成了某些省区电解铝产能急剧增长，给所在地的资源环境和电力供应带来压力。

（2）再生铝产业的优势。

降低铝矿资源对外依存度。随着投资的过度，电解铝产能急剧膨胀，除了造成沉重的污染包袱外，产能过剩也威胁着中国的资源安全。我国的铝土矿储量仅占全球探明储量的约 3%，而耗矿量却占全球的 50%以上，生产了全球 50%以上的电解铝，目前，我国铝资源对外依存度已高达 60%以上，资源瓶颈问题越来越突出。

有利于节能减排，保护环境。根据有色金属协会再生金属分会测算，生产 1t 再生铝所需能源仅相当于原铝的 5%左右，相当于节约 3.4t 标准煤，节水 $14m^3$，减少固体废物排放 20t，可以减少二氧化碳 0.8t，免剥离地表土 0.6t，免采掘矿石 6.1t。再生铝生产过程中排放的污染物仅相当于原铝生产全过程产生的污染物的 10%。

再生铝投资相对较小，成本较低。与原铝生产相比，再生铝生产固定资产投资较小、生产成本较低，具有显著的经济性。随着我国社会废铝库存迅速增加和废旧资源回收体系的不断健全，再生铝生产相对于原铝的成本优势将更加突出。原铝与再生铝产业优劣势对比见附表1-1。

附表1-1　　原铝与再生铝产业优劣势对比

差　别	原　铝	再　生　铝
生产原料来源	铝土矿山	废铝料
生产工艺	化学分解提炼、电解	分选、熔炼
能源消耗	很高	低（单位产品能耗低于原铝生产的5%）
对环境影响	很大	小（单位产品温室气体排放量低于原铝生产的5%）
生产产品	原铝金属	铝合金
国家产业政策方向	限制	支持
产业经济模式	传统资源消耗型	循环经济、资源再生型

1.3　再生铝产业发展前景

再生铝消费市场前景广阔。目前全球铝消费的30%以上来源于再生铝，而我国与发达国家再生铝消费还有较大差距，其中交通运输领域再生铝相差20%以上，包装用再生铝相差10%以上。美国再生铝用量占全部用铝量的70%，欧洲占比为60%，日本占比90%，我国再生铝消费市场仍存在较大的提升空间。

我国再生铝产业规模不断扩大。根据有色金属工业协会再生金属分会的计算，我国投入使用的铝产品预期寿命在15～18年。新中国成立以来，随着工业化的快速发展，我国铝产品经过几轮折旧已经积累了庞大的废铝资源。预计到2020年，本世纪初消费的铝开始进入报废期，届时我国废铝资源将进一步快速增长，为我国再生铝行业发展提供有力支撑。据该机构预测，到2025年，我国再生铝产量将达到约1135万t，到2035年达到1850万t。再生铝2025、2035年产量目标见附表1-2。

附表 1 - 2　　再生铝 2025、2035 年产量目标　　万 t

	2018 年	2025 年	2035 年
再生铝产量	695	1135	1850
国内回收量	510	770	1360
进口量	156.5	150	230

数据来源：中国有色金属工业协会再生金属分会，海关总署

1.4 再生铝产业发展对节能、用电影响

根据再生铝能耗标准测算，2018 年，我国再生铝产业与生产等量的原铝相比，节约能量 2363 万 t 标准煤，节约用水 9730 万 m^3，减少固体废物排放 1.39 亿 t。其中，2018 年所生产的再生铝比等量原生铝节电约 890 亿 kWh。到 2025 年，再生铝产量达到 1135 万 t，比等量原生铝节电约 1400 亿 kWh。

1.5 建议

为确保我国铝工业可持续发展，在合理开发利用能源和铝土矿资源的同时，必须重视再生资源的循环利用。国家有必要进一步出台相关的优惠政策，采取有力的政策支持、加大再生铝产业科技创新力度，推动企业采取科学的管理和采用先进的工艺技术，生产出高附加值铝产品，促进我国再生铝工业向世界再生铝工业强国迈进。

附录 2　短流程炼钢发展对钢铁行业用电的影响分析专题

2.1　短流程炼钢发展现状

短流程炼钢生产情况。受全面清理地条钢推动，短流程电炉炼钢产量大幅增长。2017 年，政府全面清理地条钢，造成废钢价格大幅下跌，提高了短流程炼钢的成本优势，大量短流程电炉炼钢产能复产，短流程粗钢产量增至 7749 万 t，大幅增长 32.6%。2012～2017 年我国短流程电炉炼钢工艺的粗钢产量及同比增速如附图 2－1 所示。

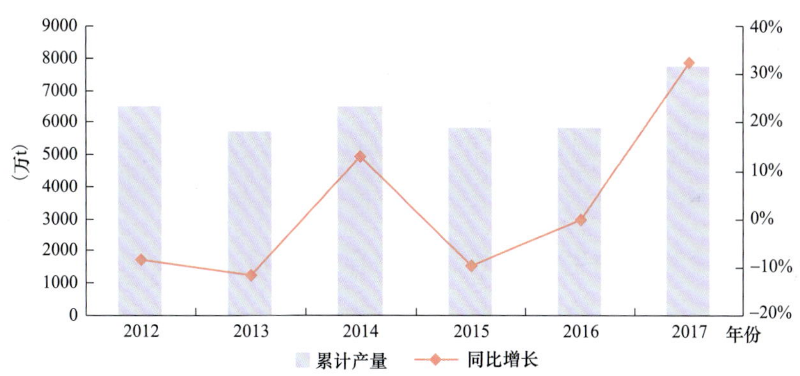

附图 2－1　2012～2017 年我国短流程电炉炼钢工艺的粗钢产量及同比增速

数据来源：中国钢铁工业协会

短流程炼钢产能。我国短流程产能依然偏低，炼钢设备以中小电炉为主。根据《中国钢铁工业年鉴 2018》，全国符合规范条件钢铁企业共有电炉 162 座，总产能为 8710 万 t。其中，100t 及以上电炉仅 36 座，产能为 3262 万 t，占电炉炼钢总能力的 37.4%；50～99t 电炉 84 座，产能为 4479 万 t，占 51.4%；50t 以下电炉 42 座，产能为 969 万 t，占电炉炼钢总能力的 11.1%。我国规范钢铁企业电炉装备情况如附图 2－2 所示。

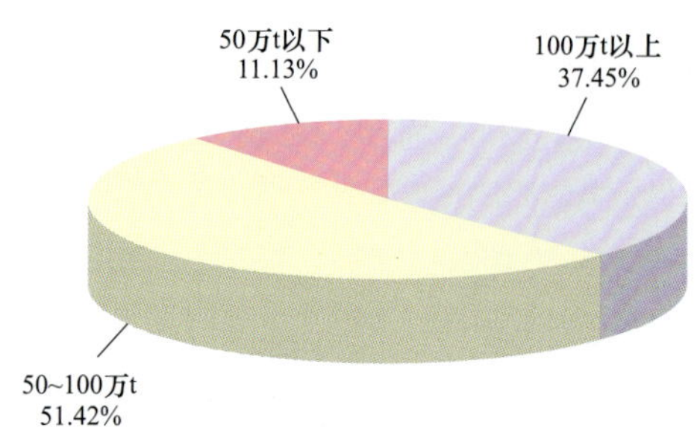

附图 2-2　我国规范钢铁企业电炉装备情况

数据来源：钢铁工业协会

(3) 长短流程炼钢工艺对比

长流程和短流程炼钢工艺的原材料、冶炼工序不同。长流程以铁矿石为原料，以焦炭为主要能源，经过高炉炼铁制成铁水（生铁），加入废钢、铁合金等辅料，经过转炉流程制成粗钢，再经过热轧、冷轧、镀层等压延加工流程制成不同类型的钢材。短流程以废钢为原料，以电力为能源，加入铁合金等辅料，经电弧炉熔融制成粗钢，后续工序与长流程炼钢基本一致。

长流程和短流程炼钢生产的产品品种存在差异。在我国经济发展初期，社会废钢资源不足导致废钢价格较高，短流程炼钢经济性弱于长流程炼钢，这也是我国历来大力发展转炉炼钢的主要原因。此外，其产品品种也存在差异：需求量较大的建筑用螺纹钢、汽车板材均主要依赖长流程转炉冶炼。长短流程炼钢工艺和产品的区别见附表 2-1。

附表 2-1　长短流程炼钢工艺和产品的区别

冶炼工艺	冶炼特点	对应产品
短流程电炉炼钢	有效利用废钢合金元素	适合冶炼优质合金钢
	炉容相对较小，工艺柔性较高	适合小批量、多品种的钢种如特钢等
	电弧炉加热钢水会造成增碳	适合冶炼中、高碳钢
	弧区存在钢水吸氮问题	难以生产低氮含量钢种

续表

冶炼工艺	冶　炼　特　点	对　应　产　品
长流程转炉炼钢	原料以纯净度好的铁水为主	适用冶炼低碳、超低碳、残余元素含量低钢种
	单炉规模大，冶炼柔性较差	适合生产大批量低合金含量钢种
	无外部热源，炉温较低	难以生产高合金钢、难熔元素合金钢

资料来源：《钢铁生产工艺装备新技术》

2.2　短流程炼钢对钢铁产业发展的影响

(1) 长流程钢铁产能扩张带来弊端

产能过剩，行业亏损严重。次贷危机发生后，我国实施以加大固定资产投资为主的积极政策措施，刺激钢铁产能大幅扩张。随着刺激政策效果消退、需求萎缩，造成钢铁行业产能严重过剩。截至2015年底，我国钢铁产能已扩张至12亿t左右，占全球产能的一半。钢铁行业进入寒冬，钢材市场持续低迷，大中型钢铁企业亏损面高达50.5%，大量钢铁企业破产倒闭，这也是我国自2016年启动钢铁行业供给侧改革的主因。

加剧生态环境恶化。2017年，钢铁行业二氧化硫、氮氧化物、粉尘排放量分别占全国排放总量的7%、10%、20%左右，已经超过火电，成为工业部门最大的污染物排放来源。其中，长流程炼钢是钢铁行业主要污染物排放来源。

造成能源供应紧张。钢铁行业是我国传统的高载能产业。2017年，我国黑色金属冶炼及压延加工业的能源消费总量为6.09亿t标准煤，占工业部门能源消费总量的20.7%，是全国能源消费量最大的工业部门。

(2) 发展短流程炼钢的优势

减排效果显著。短流程炼钢的吨钢 SO_2、NO_x 排放量分别仅为长流程炼钢的2%和21%。即短流程炼钢使用1t废钢，可减少排放废气86%、废水76%、废渣72%、固体排放物97%，较长流程炼钢的减排效果非常显著。

节能优势大，能耗仅为长流程的10%。据中国钢铁协会数据，2018年，含烧结、球团工序的长流程炼钢能耗分别为532、509kgce/t，而短流程电炉炼钢工序的能耗仅为55.7kgce/t，约为长流程炼钢工序能耗的10%左右。长短流程炼钢各工序能耗情况见附表2-2。

附表2-2　长短流程炼钢各工序能耗情况　单位：kgce/t

工　序	烧结	球团	焦化	炼铁	转炉	电炉	合计
长流程转炉炼钢（含烧结）	48.6	—	105	392	-13.4	—	532
长流程转炉炼钢（含球团）	—	25.4	105	392	-13.4	—	509
短流程电炉炼钢	—	—	—	—	—	55.7	55.7

数据来源：中国钢铁工业协会

投资小，周期短。根据徐匡迪院士发表的《电炉短流程回顾和发展中的若干问题》，建设长流程转炉钢铁企业的吨钢投资约1000～1500美元/t，而短流程电炉企业的吨钢投资约为500～800美元/t，仅为长流程的一半左右；长流程钢铁企业建设周期约为4年，短流程钢铁企业建设周期约为1～1.5年，是长流程钢企建设周期的1/3左右。

不受环保限产政策影响。采暖季环保限产以长流程炼钢为对象，短流程炼钢基本不受影响。钢铁行业面临的环保政策环境趋严，环保限产仍是地方政府改善空气质量、提高环境治理效果的重要政策手段，钢铁行业环保限产常态化有利于短流程炼钢发展。

2.3　短流程炼钢发展前景

我国短流程炼钢占比仍有较大提升空间。根据世界钢铁协会发布的数据，2017年，我国短流程炼钢的粗钢产量仅占粗钢总产量的9.3%，在全球十大产钢国中电炉炼钢比例最低，远低于美国（68.4%）、欧盟28国（40.1%）、日本（24.2%）、印度（54.5%）等国家和地区，离全球平均水平（27.9%）亦有较大差距。2017年全球主要国家粗钢产量见附表2-3。

附表 2-3　　2017 年全球主要国家粗钢产量（按工艺统计）　　万 t，%

排名	国家	产量	转炉		电炉	
			产量	比重	产量	比重
1	中国	83 173	75 414	90.7	7749	9.3
2	日本	10 466	7934	75.8	2532	24.2
3	印度	10 146	4376	43.1	5525	54.5
4	美国	8161	2579	31.6	5582	68.4
5	俄罗斯	7149	4780	66.9	2200	30.8
合计	全球	169 048	120 696	71.4	47 178	27.9

数据来源：世界钢铁协会

短流程炼钢获政策支持，发展前景向好。短流程炼钢具备能耗低、排放少、吨钢投资低、建设周期短等优势。影响长短流程炼钢市场结构占比的核心因素是铁水与废钢价格差，随着鼓励短流程炼钢发展的政策出台以及废钢供应量的提升，短流程炼钢经济性将逐步体现。2019 年 9 月，工信部对《引导电弧炉短流程炼钢发展的指导意见》公开征求意见，该政策对于短流程炼钢发展将起到积极推动作用。预计到“十四五”末期，短流程电炉炼钢的粗钢产量比例有望由目前的不足 10%提升至 20%左右。

2.4　短流程炼钢发展对用电影响

大力发展短流程炼钢，将提升行业电耗水平。短流程电炉炼钢节能减排优势明显，但提升短流程炼钢比例将提高钢铁行业电耗水平。据钢铁协会数据，2018 年，短流程炉炼钢工序电耗与长流程相比，电耗高出 50%左右。

2.5　建议

推进广东省大用户跨区域直购电政策落地。广东省短流程炼钢较为发达，产能约 1464 万 t，占全国的比重近 8.9%，仅次于江苏，大用户跨区域直购电政策有利于降低广东省短流程炼钢生产成本，提升产品竞争力。

云南制定专线供电试点方案。云南水电资源丰富，建议制定专线供电试点方案，支持地方政府在弃水严重的电源点与就近的短流程钢厂之间开展水电消纳产业示范区建设。

参 考 文 献

［1］国际货币基金组织．世界经济展望：全球经济增长依旧疲弱［R］．2019-07-23.

［2］World Bank. Global Growth to Weaken to 2.6% in 2019，Substantial Risks Seen［EB/OL］. https：//www.worldbank.org/en/news/press-release/2019/06/04/global-growth-to-weaken-to-26-in-2019-substantial-risks-seen. 2019-06-04.

［3］国家统计局．2018年国民经济和社会发展统计公报［EB/OL］．2019-02-28.

［4］国网能源研究院有限公司．2018中国节能节电分析报告［R］．北京：中国电力出版社，2018．24-29；103-104.

［5］国务院关于钢铁行业化解过剩产能实现脱困发展的意见［R］．2016-02-04.

［6］生态环境部、国家发改委、工信部、财政部关于推进实施钢铁行业超低排放的意见［R］．2019-04-28.

［7］工信部、科技部、商务部、市场监管总局关于印发《原材料工业质量提升三年行动方案（2018-2020年）》的通知［R］．2018-10-16.

［8］生态环境部、国家发改委、工信部、财政部联合发布《工业炉窑大气污染综合治理方案》［R］．2019-7-1.

［9］农业部关于印发《到2020年化肥使用量零增长行动方案》和《到2020年农药使用量零增长行动方案》的通知［R］．2015-02-17.

［10］云南省人民政府办公厅关于印发《云南省化学工业调结构促转型增效益实施方案》的通知［R］．2017-03-06.

［11］国家发展改革委、工业和信息化部关于促进石化产业绿色发展的指导意见［R］．2017-12-05.

［12］国家发改委、商务部发布《外商投资准入特别管理措施（负面清单）（2018年版）》［R］．2018-06-28.